베테랑 연예기획자가 알려주는

스타의  조건

일러두기

- 이 책에 나오는 《 》는 도서, 〈 〉는 신문이나 잡지, 「 」는 영화, 드라마, 연극, TV 프로그램의 명칭입니다.

- 공식적으로 연예인을 '대중문화예술인'이라고 칭하는데, 이 책에서는 편의상 '연예인'이라고 통일했습니다.

- 각 장의 후반부에 있는 '연예계가 궁금해요'는 실제 연예인 지망생이 가장 궁금해 하는 질문을 선별했습니다. 단, 질문자의 상황은 가정한 것입니다.

- 부록 1 '연예계 전문가의 이야기'는 업계의 다양한 목소리를 전하기 위한 것으로, 저자의 의견과 다를 수 있습니다.

베 테 랑
연 예 기 획 자 가
알 려 주 는

스타의
☆
조건

손성민

예담아카이브

연예인, 아니 스타를 꿈꾸는가.

스타가 되려면 자신만의 특별한 무엇이 필요하다.

그리고 그 꿈이 한순간의 바람은 아닌지

수없이 자신에게 물어봐야 한다.

오랜 고민이 끝났다면, 이제 도전할 시간이다!

미래에 더욱 빛날 당신에게
진심으로 하고 싶은 이야기

「겨울연가」의 배용준과 최지우, 「대장금」의 이영애, 「별에서 온 그대」의
전지현과 김수현, 「꽃보다 남자」의 이민호, 「태양의 후예」의 송혜교와
송중기, 「도깨비」의 공유….

　이름만 대면 알 만한 이들의 눈부신 성공으로 우리는 '한류 스타'라는
말이 익숙해졌다. 한류(韓流)란 1990년대 말부터 아시아에서 일기 시작
한 한국 대중문화 열풍을 말하는데, 이러한 한류의 주역은 단연 스타 연
예인이다.

　그럼 한류 스타는 어떻게 탄생했을까? 다양한 방송채널과 소셜 미디
어 등의 첨단기술이 그들을 세계적인 톱스타로 만들었고, 그들은 높은
인지도와 엄청난 부를 갖게 됐다. 더 이상 한국의 스타로만 머물지 않고
세계적인 관심을 받는다.

한류 스타의 성공과 함께 연예인(대중문화예술인)과 연예계(대중문화예술산업) 종사자들이 신흥 문화 세력으로 떠올랐다. 이런 흐름에 따라 명문대에 진학하고 대기업에 입사하기 위헤 노력하는 젊은이들만큼이나 스타를 동경하고 스타가 되기 위해 열정을 쏟는 연예인 지망생이 넘쳐나고 있다.

연예인은 TV, 라디오, 영화, 무대 등에서 자신의 끼와 재능을 펼친다. 여러 매체를 통해 수많은 사람들에게 웃음과 감동을 주고 그들의 삶과 생각을 대변한다. 미디어가 발달한 지금, 불특정 다수의 대중과 가장 많이 소통하는 것이 바로 연예인이다.

그래서 연예인은 대중의 사랑을 한몸에 받는 동시에 조금이라도 잘못된 행동을 하면 더 많은 비난을 받는다. 대중에게 미치는 영향력을 생각했을 때 사명감이나 책임감이 매우 큰 직업임에 틀림없다.

한편, 연예인을 꿈꾸는 이들은 대부분 언젠가 꼭 스타가 될 수 있을 거라는 자신감에 넘친다. 자신이 비록 어떤 점은 부족해도 결국 대중이 자신의 진가를 알아볼 거라고 막연히 기대한다. 자신의 단점에는 눈감고 장점을 높게 평가하면서 남들과 다르다고 생각한다. 반면에, 분명히 매력이 많고 개성이 확고한데도 불구하고 자신의 가능성을 과소평가하는 이도 있다. 그들이 그렇게 생각하는 기준은 무엇일까? 양쪽 모두 객관적인 점검이 필요하다.

이에 필자는 스타를 꿈꾸는 이들이 올바른 선택을 하도록 코칭하기 위해 이 글을 쓸 용기를 냈다. 지금부터 풀어놓을 이야기는 어쩌면 우리 모두가 아는 당연한 상식일 수도 있다. 하지만 누군가에게 이런 코칭이 삶의 방향을 정하는 '신의 한 수'가 되기를 바란다. 물론, 오히려 절망을 더해줄 악담이 될 수도 있다.

그 차이는 본인 스스로도 미처 깨닫지 못했던 헛된 욕심에서 비롯된 것일 수 있으니 잘 들어주면 고맙겠다. 나 역시 지난 일을 생각해 보면 꿈을 꾸고, 노력하고, 실패하고, 또다시 도전하며 성숙해졌다. 그렇게 연예계 현장에서 많은 것을 보고 느낀 점이 많았다.

스타는 특별히 선택받은 사람만 되는 것은 아니다. 다만, 스타가 되기 위해서는 준비해야 할 것들이 많고 앞날이 예측되지 않으므로 너무 힘든 길이다. 어느 날 갑자기 스타덤에 오른 것 같은 화려한 연예인들이 얼마나 치열하게 자신과 싸워서 스타가 됐는지, 그들이 스타가 되기 위해 어떤 준비 과정을 거쳤는지 알아보자.

이 책을 통해 연예인이 되기 위한 마음가짐부터 도전하는 과정을 알아가며 코칭을 받다 보면, '스타의 조건'을 갖추는 것이 결코 만만치 않음을 새삼 깨닫게 될 것이다. 그럼에도 불구하고 꿈을 잃지 않고 계속 도전할 용기를 가졌다면 격려의 말을 아낌없이 하고 싶다.

준비됐는가, 그럼 이제 스타가 되는 길을 따라가보자.

손성민

★ 스타들과 함께.

프롤로그

미래에 더욱 빛날 당신에게 진심으로 하고 싶은 이야기 ·· 6

베테랑 연예기획자의 코칭 __1

연예인이 되고 싶은 진짜 이유 찾기 마음가짐 편

어떤 연예인이 되고 싶은가?

멋진 모습으로 많은 사람들의 사랑을 받는 연예인은 동경의 대상이다. 그러나 단지 스타가 되어 카메라 앞에 서고 싶어서 연예인이 될 바란다면, 신중하게 생각하는 것이 좋다. 연예인이 되고 싶은 진짜 이유를 생각해보고, 자신에게 재능이나 기회가 있는지에 대해 함께 생각해보자.

스타의 꿈, 때에 맞춰 준비하는 게 포인트 ·· 19

가장 먼저 연예인이 되고 싶은 진짜 이유를 찾아라 ·· 24

그냥 연예인이 아니라 구체적인 목표를 가져라 ·· 28

희망하는 자가 아닌 실력자가 되어야 한다 ·· 36

잘생겨야 스타가 되는 게 아니라 스타가 되면 잘생겨진다 ·· 40

자신만의 개성 있는 매력을 찾아라 ·· 44

⭐ 스타를 꿈꾸다 _ 무책임한 부추김을 현명하게 구별해야 한다 ·· 48

🎤 연예계가 궁금해요 _ 이유 찾기 ·· 52

베테랑 연예기획자의 코칭 __2

철저한 자기관리로 미래를 준비하라 준비 편

외모를 뛰어넘는 실력을 갖추기 위해 어떻게 해야 할까?

누구나 멋있고 예쁜 역할을 하고 싶어 한다. 하지만 모두 그렇게 할 수는 없다. 자신의 외모가
어떤 캐릭터에 어울리는지, 무엇을 제일 잘하는지 알고 준비해야 한다. 모든 것을 갖추려고 힘
빼지 말자. 자신만이 할 수 있고, 잘하는 것에 매진하라! 준비된 자만이 기회를 잡을 수 있다.

정말 원한다면 놀면서 즐겨라 ·· 61

끼를 발휘하기 위해 유아기로 되돌아가자 ·· 66

달콤하고 맛있다고 좋은 것이 아니다 ·· 70

내 상상 속의 카메라 ·· 74

너무 많이 고민하지 말고 경험을 쌓아라 ·· 78

겨울이 깊을수록 화창한 봄이 온다 ·· 84

★☆ 스타를 꿈꾸다 _ 모두의 마음을 사로잡아야 한다 ·· 88

🎤 연예계가 궁금해요 _ 실력 키우기 ·· 91

베테랑 연예기획자의 코칭 __3

자신만의 것으로 **승부**하라 도전 편

실패가 두려운데 어떻게 극복해야 할까?

연예인이 될 만한 '끼'만으로는 스타가 될 수 없다. 자신의 '실력'을 키우기 위해 최선을 다해 노력하고, 많은 실패에도 일어설 수 있는 긍정적인 마인드를 갖고 있어야 한다. 이때 필요한 것이 '인성'과 '멘탈(정신력)'이다. 이것이 가장 기본이다.

라이벌을 만들고 선의의 경쟁에서 살아남아라 ·· 99

강한 자가 살아남는 게 아니라 오래 남는 자가 강하다 ·· 104

오르막이 있으면 반드시 내리막도 있다 ·· 108

아마추어와 프로의 차이 ·· 113

실패를 거듭할수록 성공에 가까워진다 ·· 118

⭐ 스타를 꿈꾸다 _실제 대학의 오디션 사례 ·· 122

🎤 연예계가 궁금해요 _ 오디션 ·· 126

베테랑 연예기획자의 코칭 __4

소속사와 전속계약은 신중하라 소속사 편

나에게 맞는 소속사를 찾을 수 있을까?

무조건 대형 소속사만 고집하거나 겉만 화려해 보이는 소속사를 찾는 건 아닌지 신중하게 생각해야 한다. 소속사는 연예계 생활을 하는 동안 동고동락하는 동반자다. 단지 사이즈나 외형적인 요소만으로 선택하면 안 되고, 자신을 알아주고 자신이 원하는 길을 열어주는 소속사를 찾아야 한다.

누구누구 때문에? 나 때문에! ·· 133

무조건 최고만을 고집하지 말라 ·· 138

소속사와의 전속계약, 이것만 명심하라 ·· 142

신중하게 선택한 소속사와 인연 이어가기 ·· 152

연예인과 소속사 간의 분쟁 해결 방안 ·· 156

선택의 순간엔 한 번 더 생각하라 ·· 160

★☆ 스타를 꿈꾸다 _ 한류 열풍을 이끄는 대중문화예술산업 ·· 166

🎤 연예계가 궁금해요 _ 소속사 ·· 168

적극적으로 자신을 단련하라 초기 활동 편

기회가 왔을 때 놓치지 않으려면 어떻게 해야 할까?

배우는 뭐든지 배워 두는 게 좋다. 데뷔 이후에 활발하게 활동하고 싶다면 꾸준히 배워라. 준비되어 있는 자만이 기회가 왔을 때 자기 것으로 만들 수 있다. 자신이 준비된 배우라는 걸 보여준다면 작품에 출연 제안이 끊이지 않을 것이다.

별은 스스로 빛나지 않는다 ·· 173

때를 기다려라? 때를 앞당겨라! ·· 177

될 때까지 끊임없이 단련하라 ·· 184

자신을 적극적으로 마케팅하라 ·· 189

지치면 지고 미치면 이긴다 ·· 194

★☆ 스타를 꿈꾸다 _ 언젠가 기회는 온다 ·· 198

🎤 연예계가 궁금해요 _ 무명 시절과 초기 활동 ·· 201

에필로그

당신의 꿈이 반드시 이루어지길 바란다 ‥206

| 부록 1 | 연예계 전문가의 이야기

- 브로드웨이의 전설 _이응진 ‥212
- 연기학원을 선택하는 노하우 _신성균 ‥216
- 연예인이 되고자 한다면 이유와 목표를 찾아라 _유진모 ‥222
- 연예인 되기가 서울대 입학보다 어렵다? _조현정 ‥226
- 꿈에 도전하는 이에게 필요한 세 가지 키워드 _이창민 ‥230
- 추천의 글 ‥233

| 부록 2 | 소속사와 계약할 때 알아둘 것

- 대중문화예술기획업자의 준수사항 ‥235
- 표준전속계약서(연기자 중심, 가수 중심) ‥236

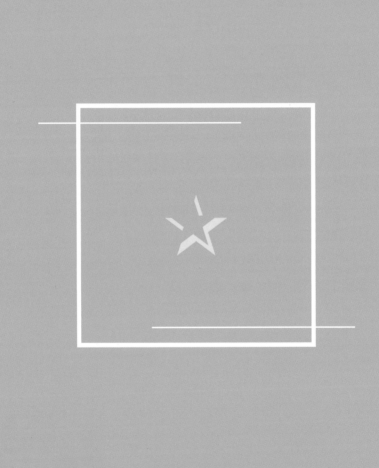

연예인이
되고 싶은
진짜 이유 찾기

마음가짐 편

스타의 꿈,
때에 맞춰 준비하는 게 포인트

어느 가수 오디션 프로그램에서 심사위원이 재능 있는 연예인 지망생에게 어디서 배웠는지 물었다.

"제가 그냥 좋아서 미친 듯이 했습니다."

그 말은 본인 스스로 목표를 정하고 열심히 노력했으니, 이제 자신의 열정을 검증하러 나왔다는 말처럼 들렸다. 당당한 그 눈빛에 심사위원들이 매력을 느낀 것은 당연하다. 이런 열정적인 모습으로 오디션에 참가할 수 있었던 건, 결국 철저한 준비로 만든 실력 덕분이었다.

이처럼 만약 자신의 꿈이 가수라면, 기본적으로 점검해야 할 것들이 있다. 남들보다 가창력이 뛰어난지, 어떤 장르에서 탁월한지, 노래에 맞게 감정 표현을 하는지, 노래로 상대방을 감동시킬 수 있는지 등 다양한 관점으로 점검해야 한다.

자신의 매력과 강점, 약점에 대해 가장 잘 알 수 있는 사람은 결국 자기 자신이다. 그런데 보통은 주변 사람들의 부추김 때문에 자신의 재능을 착각한다. 그렇게 누군가의 달콤한 말에 눈이 멀어 연예계에 발을 들이고, 미로에서 헤매는 경우를 종종 본다.

대학생, 고등학생뿐만 아니라 초등학생까지 연예인을 꿈꾸는 이들은 해가 거듭할수록 늘고 있다. 그 수많은 경쟁 속에서 몇 번을 승리해야 할까? 어떤 희생을 거쳐야 성공할 수 있을까?

좌절도 있겠지만 꿈에 다가서기 위한 확률을 높이려면 결국 자신만의 매력, 그리고 노력과 인내가 필요하다. 이 모든 것을 위해서 정확히 자신을 이해하는 것이 가장 중요하다.

연예인 지망생들은 늘 궁금한 게 많다. 그 중 하나가 어느 시기에 도전하는 것이 좋을지 결정하는 일이다. 필자의 기준으로는 어느 분야인지와 현재 성장기인지가 중요하다.

많은 사람들의 관심을 받기 때문에 연예인은 자아가 성립되고 난 뒤에 시작하는 것이 좋다. 가치관이 제대로 자리 잡지 못했는데 연예계에 들어서는 것은 성급한 일이다.

물론 가수를 꿈꾸는 경우, 초등학교 때부터 기본기를 다지기 위해 조기교육이 필요할 수 있다. 소속사의 연습생 시스템이 세계적인 K팝 열풍을 만들어낸 것처럼, 타고난 뮤지션은 일찍부터 영재교육을 시켜서 재능을 키우는 것도 좋다.

하지만 배우의 경우는 좀 다른 관점으로 접근해야 한다. 신체의 성장이 얼마나 진행됐는지, 변성기는 지났는지, 시나리오나 영상을 보고 이해할 수 있는지 등이 앞으로 배우의 자질을 키우는 데 중요하기 때문이다.

물론 어릴 때부터 연기에 천부적인 소질을 보이는 아역배우도 있지만, 대부분 학교나 학원, 연극무대 등에서 연기 공부를 하며 연기력을 갖추게 된다. 처음부터 연기를 잘하는 배우는 그리 많지 않다.

타고난 끼와 능력보다는 노력에 의해 스타로 성공하는 경우가 더 많다. 남들보다 더 빨리 시험대(오디션)에 오르는 것보다 얼마나 탄탄하게 준비하고 도전하느냐가 더 중요하다. 너무 조급하게 생각하지 않아도 된다.

누구에게나 기회는 주어진다. 하지만 기회가 왔을 때 어떻게 준비했느냐에 따라 결과는 완전히 달라진다.

먼저 대중문화와 친해지고 즐겨라! 연예인으로 성공해야 한다는 부담감 때문에 좋아하는 일을 즐겨야 한다는 진리를 놓칠 수 있다. 필자는 지금도 하루에 대여섯 시간씩 시나리오, 대본, 영상과 씨름하며 이 일을 즐기고 있다. 이처럼 자신이 좋아서 선택한 길임을 기억하자.

그렇게 제일 먼저 자신이 뭐가 되고 싶고, 어떻게 되고 싶은지 충분히 고민한 뒤 구체적인 꿈을 갖고 노력하는 것이 좋다. 꿈을 실현하기 위해 절실한 마음으로 노력하고 준비하는 자는 실패할 가능성이 적다. 기회는 노력하는 사람에겐 언젠가 올 것이다. 그때를 위해 준비하자. 그것이 연예계에 성공적으로 데뷔하기 위한 첫걸음이다.

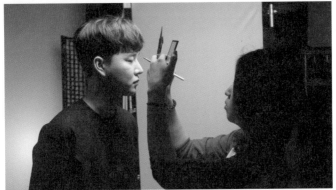

★ 신인 배우들의 프로필 촬영 모습.

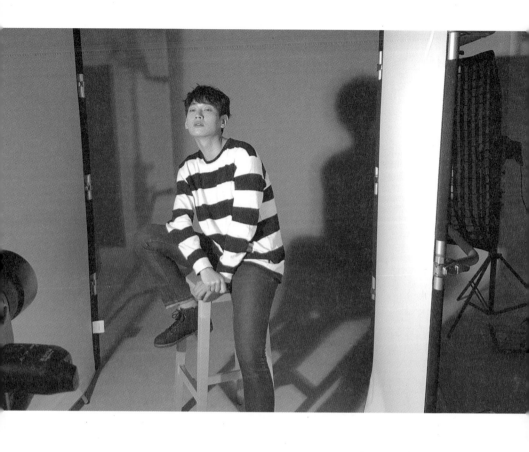

가장 먼저 연예인이 되고 싶은
진짜 이유를 찾아라

왜 연예인을 꿈꾸는가?

　연예인이 되고 싶다면 무엇을 잘하는가?

　다른 사람들과 구분되는 자신만의 매력이 무엇인가?

　다시 한 번 묻겠다. 정말 꼭 연예인이 되고 싶은가?

　연예인을 꿈꾸는 연예인 지망생이라면 반드시 이 질문에 스스로 묻고 답하는 시간을 가져야 한다. 그리고 정말 어떤 연예인이 되고 싶은지, 그래서 무엇을 하고 싶은지 확실하게 답을 찾아야 한다. 많은 연예인 지망생들이 자신만의 이유를 찾지 못한 채 막연하게 스타가 되겠다고 덤빈다.

　오랜 시간 연예기획자로 일하면서 스타를 꿈꾸는 수많은 이들을 만나왔는데, 그들의 질문은 한결같다. 연예인이 되고는 싶은데 어떻게 해야 되는지 수단과 방법, 절차를 구체적으로 모르겠다는 것이다. 연예인이라는 직업이 좋아 보여서 그곳에 뛰어들고 싶지만 믿을 만한 정보가 부족하고, 믿을 만한 이야기를 해줄 곳이 없다며 하소연한다.

그런데 그 질문에 대한 답을 선뜻 해주기 전에 묻고 싶다.

"연예인이 되기를 꿈꾸고, 열망한다는 당신은 얼마나 준비가 되어 있는가?"

그들이 말하는 꿈이 진짜 꿈인지, 얼마나 치열하게 그 꿈에 대해 고민하고 공부했는지 걱정이 된다. 그들에게 그 꿈이 진짜 인생을 걸 만한 것인지 깊이 생각해보라고 조언하고 싶다.

연예인이 되는 방법을 알려주는 것은 어렵지 않다. 누구에게나 기회가 열려 있다. 연예인 입문에 대해 나의 경험만 나열해도 답은 수백 가지가 된다. 하지만 반대로 말하면 수많은 방법과 길이 있음에도 그것을 잡을 수 있는 이들은 소수다. 수많은 기회가 있지만 그것이 누구에게나 공평하게 열려 있지는 않다.

세상에 어떤 도전도 쉬운 건 없다. 필자가 경험한 연예계는 어느 곳보다 치열하고 유동적인 곳이다. 그렇기 때문에 자신이 연예인이 되고 싶다는 열정을 입증하고자 한다면 먼저 그 꿈이 진실된 것인지 생각해봐야 한다. 그저 대중에게 관심을 받고 부러움을 사겠다는 막연한 바람은 아닌지 생각해보라.

스타는 하루아침에 만들어지지 않는다. 꿈을 위해 도전하고 노력하는 연예인 지망생은 많고 또 많다. 중요한 것은 내가 좋아하는 일이라고 해

서 반드시 잘한다는 보장이 없다는 것이다. '좋아하는 것'과 '잘하는 것'
은 많이 다르다. 더불어 자신에게 정말 어울리는 일인지 냉정하게 생각해
볼 필요가 있다.

　연예계는 매력적인 세계이고 연예인은 더욱 매력적인 직업이다. 그래
서 많은 이들이 도전한다. 자신의 재능을 정확히 판단해 헛된 시간을 보
내지 않기를 바란다. 따라서 가장 먼저 연예인이 되고 싶은 진짜 이유를
찾아라!

★ 연예인이 되고 싶은 진짜 이유를 찾아라.
자신이 연예인이 되고 싶다는 열정을 입증하고자 한다면
먼저 그 꿈이 진실된 것인지 생각해봐야 한다.

그냥 연예인이 아니라
구체적인 목표를 가져라

장래희망으로 꿈꾸는 직업이 있는가?

그 직업으로 살면서 이루고 싶은 꿈을 구체적으로 정했는가?

자신의 꿈에 따라 행동도 달리 해야 한다. 그런데 요즘 청소년들에게 꿈이 뭐냐고 물으면 돌아오는 답은 다음과 같은 순서다.

① 연예인이 꼭 되고 싶습니다.

② 제 꿈은 가수입니다.

③ 배우의 꿈을 꼭 실현할 겁니다.

④ 감독, 작가가 되어 유명해질 겁니다.

눈치 빠른 이들은 이미 알겠지만, 네 가지 답 중에서 ②~④는 사실 모두 ①에 속한다.

따라서 막연히 ①이라고 답한 사람은 아직 자신의 꿈이 뭔지 정확히 알지 못하고 있을 확률이 높다. 그런 사람은 결국 연예인에 대한 꿈이 여름날의 장마처럼 한때 스쳐 지나가는 바람으로 끝날 것이다.

따라서 연예인이 되고 싶다면 꿈을 구체적으로 꾸자. 아이돌그룹에서 보컬 담당 멤버인지, 주연 부럽지 않은 조연 배우인지, 예능 전문 방송인인지, 아니면 스타가 안 되어도 좋으니 꾸준히 출연 섭외가 이어지는 약방의 감초 같은 조연 배우인지….

이를 위해선 자신에 대한 명확한 분석이 필요하다. 그리고 스스로 올바른 판단을 하는 게 중요하다.

요즘 연예계를 보면 하나의 흐름이 있다. 아이돌그룹, 걸그룹의 유효기간이 생겨나는 것을 아는가?

'마의 7년'이라는 이야기를 들어보았을 것이다. 신인의 경우 최장 계약기간은 7년으로 표준계약서에 정해져 있다. 그 시기에 활동이 끝나면 대중에게 이미지가 소모된 노장 그룹은 자연스레 계약 종료와 함께 해체 수순을 밟게 된다. 가수는 그룹이 해체되어 개인 활동을 하게 되면서 결국 그룹 이미지로 사랑받았던 것을 잃고, 자신의 브랜드만으로 사랑받기 위해 치열한 경쟁을 다시 시작해야 한다.

실력이 뛰어난 경우 솔로 가수의 길을 걷기도 하지만, 그룹 내에서 어느 한 부분을 담당해왔다면 가수로서의 비전은 끝났다고 할 수 있다. 결국 그들은 배우로 활동 영역을 옮기고 연예인 활동을 이어가게 된다.

아이돌그룹, 걸그룹에서 솔로 가수로 입지를 굳히며 실력파 가수로 활동하고 있는 경우로 지드래곤, 태양, 소유, 태연 등을 들 수 있다. 한편, 아이돌그룹 출신이지만 원래 배우였던 것처럼 두각을 보이는 임시완, 박형식 같은 경우도 있다.

또한, 가수 활동으로 폭발적인 인기를 얻은 동시에 출중한 연기력까지 갖춰 가수와 배우를 겸하는 걸스데이의 혜리, 민아, 소녀시대의 윤아, 유리, 수영, 「슈퍼스타 K」 출신의 서인국 등도 있다.

따라서 이 책에서는 모두가 꿈꾸는 연예인, 그들이 종착지로 여기는 배우 분야로 좀 더 세분화해 이야기하겠다.

이렇게 내 목표는 정해졌다, 배우다!

배우는 영화, 드라마, 연극, 뮤지컬 등 모든 분야에서 활동할 수 있다. 더불어 정극, 희극, 액션, 판타지, 호러 등 장르를 구분하지 않는다. 당연히 어떤 캐릭터라도 소화해낼 수 있어야 한다.

유명 영화배우 중 상당수가 연극무대에서 연기 생활을 시작했지만 애초부터 연극배우를 하겠다고 나선 이는 그리 많지 않다. 거의 모든 배우의 최종 목표는 영화배우고, 요즘은 드라마를 병행하는 가운데 뮤지컬이나 연극도 마다하지 않는다. 처음부터 영화나 드라마에서 주연을 맡으면 좋겠지만 그건 희망사항일 뿐 현실은 녹록치 않다.

한편으로 '연기란 게 다 거기서 거기지, 영화라고 다르고 연극이라고 뭐가 다를까'라고 생각할 수도 있다. 그러나 세심한 표현력이 달라도 한참 다르다. 관객의 반응을 바로 느끼며 현장감을 익히는 연극부터 시작하는 것이 연기에 도움이 되지만, 상황에 따라 유연하게 선택하는 것이 좋다.

일단 배우가 되겠다는 목표가 생기면 자신의 외모를 꼼꼼히 점검해보는 게 중요하다. 키와 몸무게를 정확하게 재보고, 냉정하게 자신의 얼굴과 몸매 등을 점검하자.

주변 사람들에게 자신의 모습이 어떤지 모니터링하는 것도 도움이 된다. 만약 주변에서 "영화배우 하라"는 말을 단 한 번도 들은 적이 없다면 일단 당신은 정우성이나 전지현은 아니다.

그렇다면 카리스마가 있는 김윤석을 노릴 것인지, 무게감 있고 친근한 마동석을 노릴 것인지, 구체적인 목표를 세워야 한다. 누가 롤모델이 되더라도 개성과 연기력이 뒷받침되어야 한다. 우선 단점을 개성으로 만드는 것이 중요하다.

헐리우드 대배우 '로버트 드 니로'의 외모를 보면 점이 뚜렷하게 보인다. 한류 스타 고소영, 전지현도 코 옆에 점이 있는데, 굳이 점을 빼는 수술을 하지 않았다. 배우 송강호는 양쪽 눈의 크기가 다른데 그걸 활용해 미세한 감정연기를 펼친다. 그들은 모두 자신만의 특징을 개성으로 삼았다.

만약 내가 머리가 크거나 다리가 짧다면 평소에 그건 핸디캡이겠지만, 개성파 배우가 되겠다고 결심했다면 그걸 타인과 차별화된 개성으로 활용할 줄 알아야 한다. 그렇게 결심하고 믿음을 갖는 순간 일단 첫 단추는 잘 뀐 거다. 개성파 배우는 연기력과 지구력, 그리고 운이 성패를 가름한다. 최소한 10년 이상 고생을 각오하겠다는 생각을 가지고, 실력을 쌓으며 개성을 매력으로 만들어 나가야 한다.

한편, 그래도 주변에서 "잘생겼다", "예쁘다"라는 말을 자주 듣고 "연예인하라"는 말을 한 번쯤 들어본 사람이라면 다른 관점으로 생각해보자.

장동건을 필두로 송중기, 박보검, 이종석, 이민호, 공유, 정해인 등과 비교했을 때 자신이 얼마나 잘생겼는가? 평생 배우를 천직으로 삼고 연예인 생활을 할 수 있을까? 스타가 되어 있을 때 연예인의 삶에서 보람을 느끼며 겸손한 자세로 살 자신이 있는가? 등을 신중하게 생각해본다.

여기까지 모든 준비를 마쳤다면 뭘 망설이겠는가, 도전하라!

기획사와 소속사는 어떻게 다른가요?

- **소속사** : 소속 연예인의 홍보와 연예 활동을 관리하는 회사
- **기획사** : 신인 연예인을 기획, 발굴하고 전문가로 트레이닝시키는 회사
- **제작사** : 음반이나 콘텐츠를 제작하는 곳을 '제작사(음반 제작사)'라 칭하는 데, 연예인이 소속될 수도 있다.

소속사, 기획사, 제작사의 역할을 한 회사에서 하는 경우가 많지만 따로 분류되는 경우도 있다. 예를 들어, 프로젝트 그룹 '워너원'의 경우를 살펴보자. 워너원 멤버들은 각각의 '소속사'가 있다. 하지만 음반을 제작하고 기획한 곳은 다른 곳이다. 이 경우에는 소속사, 기획사, 제작사가 모두 다르다.

덧붙여 이야기하면, 대부분은 연예 활동이 주가 되는 경우이므로 '소속사'라고 한다. 이 책에서는 '연예인 지망생'의 입장에서 기준이 되는 '소속사'라는 말로 통일했다.

★ 야외 촬영장의 모습.

희망하는 자가 아닌
실력자가 되어야 한다

연예인 지망생이 증가하며 전국 대학에 엔터테인먼트 관련학과가 1만여 개 생기고, 한 학교에서만 매년 수십 명이 졸업한다. 학교뿐 아니라 무수히 많은 아카데미와 학원까지 생겼다. 그런데 과연 그들 중에서 스타는 몇 명이나 탄생할까?

동방신기, 엑소, 방탄소년단, 빅스, 레드벨벳, 트와이스, 여자친구, 세븐틴 등 수많은 스타 아이돌그룹과 걸그룹이 있는데, 그들이 스타가 된 과정은 어땠을까?

그들 역시 항상 치열한 경쟁 속에 있다. 일단 그들은 수없이 많은 연습생과 경쟁했을 것이다. 연습생에서 살아남은 아티스트는 또다시 치열한 현실에 놓인다. 소속사, 방송사가 주는 기회를 낚아야 하고, 그 속에서도 대중의 인기를 얻기 위해 국민의 평가를 받는다.

이처럼 스타가 되는 길은 오르면 오를수록 더 힘들고 치열한 경쟁이 도사리고 있다. 최근에는 오디션 프로그램들이 성공하면서 새로운 시스템이 구축되고 있다. 대중에게 처음부터 연습생들을 오픈해 그들의 매력을 판단하게 하는 것이다.

그렇다면 현재 한국의 문화와 예술의 중심에 서 있는 대중문화예술산업에서 필요한 것은 무엇일까? 무엇보다 체계적이고 실용적인 시스템을 구축하기 위해서는 재능과 실력을 갖춘 연예인 지망생을 지속적으로 배출해야 한다. 그들이 실력을 갈고 닦음으로써 업계의 규모를 키우게된다. 결국 희망하는 자가 아니라 실력자가 되라는 것이다.

최근 괄목할 만한 성장을 보이고 있는 신인 배우 양세종의 경우를 보자. 드라마 몇 작품을 통해 대중에게 훅 나타난 그는 신인이라고 하기에는 실력과 매력이 넘친다. 경력이 오래된 배우, 더 유명한 스타와 호흡하면서도 중심을 잃지 않고 당당하게 자신만의 연기를 펼친다. 이런 그의 자신감은 배우로서의 매력을 더욱 높이며 대중의 이목을 사로잡았다.

이게 어떻게 가능할까? 알려진 바로는, 일반적인 연습생의 훈련기간보다 더 오랜 시간을 노력하며 때를 기다렸다고 한다.

"이 정도면 신인으로서는 나쁘지 않다"는 평가로는 용납되지 않았고, 배우를 목표로 한 이상 '부끄럽지 않은 연기로 작품의 인물을 생생하게 살려내며 매력을 발산하는 배우'이고 싶었던 것이다. 그의 경쟁자는 결국 그 자신이었다.

이처럼 어제의 자신과 경쟁하고, 하루만큼 달라진 오늘의 자신과 경쟁해야 한다. 물론 가장 현실적인 경쟁상대와 단시간 경쟁하는 것도 하나의 방법이다. 그 시간의 경쟁에서 승리하면 스스로 단단한 내공을 갖게 될 것이다.

이러한 노력으로 개성 혹은 매력이란 강력한 무기가 장착됐다면 그 무기 안에 실력이라는 총알을 넣는 일만 남았다. 여기서 총알은 바로 실력, 배우라면 연기력이다.

연기력에는 올바른 발성에서 비롯된 대사 능력, 그 대사와 그 상황을 드라마틱하게 포장할 줄 아는 표정과 손짓, 발짓을 포함한 세세한 표현력, 그리고 맡은 배역을 작가와 감독이 원하는 캐릭터로 만들어낼 줄 아는 캐릭터 완성 능력 등이 있다.

가수도 마찬가지다. 가수에게 실력이란 가창력과 표현력인데, 그것은 무수히 많은 곡과 상황 속에서 갈고 닦아져 노래를 감동적으로 표현하는 능력이다.

꿈을 꾸는 사람은 많다. 목표를 설정하고 달리는 사람도 많다. 하지만 남들과 똑같은 속도로 달린다면 메달은커녕 결승점에 들어오지도 못할 것이다. 더 빨리 달릴 수 있는 요소는 체력과 속도다. 이것은 연습을 통해 갖추어진다는 걸 명심한다.

TV나 컴퓨터를 켜고 드라마와 영화를 보라. 이른바 '연기의 신'이라는 배우들의 작품을 보고 또 보면서 연습을 거듭하라. 그리고 '주인공이 만약 나라면'이라고 생각하며 '연기의 신'들보다 더 나은 연기력을 갖추려고 노력하라.

예를 들어, 작품 속 캐릭터를 A라는 배우는 이렇게 연기했지만, 그가 이 역할을 맡아 처음 대본을 분석했을 때 어떠한 것들을 준비했을지 떠올려보라. 지금의 캐릭터가 만들어지기까지는, 여러 모습으로 연기해보고 조금 다른 설정도 해봤을 것이다. 그러니 그냥 남을 똑같이 따라하지 말고 자신만의 캐릭터를 만들어본다.

자신만의 개성을 갖춘 실력자란 내가 분석한 캐릭터를 만들어내는 능력을 갖춘 배우다. 수십 번, 수만 번 다르게 표현하고 연습하며 스스로 경쟁하라. 그 시간이 오롯이 자신의 매력과 실력을 키울 것이다.

잘생겨야 스타가 되는 게 아니라
스타가 되면 잘생겨진다

연예인을 꿈꾸는 이들이 가장 많이 고민하는 부분이 바로 외모다. 동경하는 누구를 닮았으면 좋겠고, 그 사람의 분위기를 따라하고 싶고, 결국 그 사람처럼 되고 싶다. 이미 스타가 되어 완벽해 보이는 동경의 대상과 끊임없이 비교하며 자신의 부족한 외모를 들추고 바꾸려 한다.

필자 역시 오디션이나 미팅을 할 때 외모를 중요하게 볼 때가 있다. 스타에 따라 다양한 경우가 있겠지만, 그 시대의 흐름과 유행에 맞는 외모를 지닌 것만으로도 스타가 되는 경우가 있기 때문이다. 하지만 모든 스타가 처음부터 뛰어난 외모를 가지고 태어나는 것은 아니다. 또한 이제는 누구나 자신만의 스타일을 가지면 빛날 수 있는 개성시대가 아닌가. 더 이상 외모만으로는 스타가 될 수 없다.

그런데 연예인 지망생들을 상담하면 "제가 눈이 작은데 쌍꺼풀 수술을 해야 될까요?", "인상이 약한데 코 수술을 하면 자연스러울까요?" 등과 같은 질문을 많이 한다. 강남만 가도 수많은 성형외과가 있고 방학이나 휴가철만 되면 예약 잡기도 힘들다고 한다. 국내외를 불문하고 성형수술을 하려는 사람들은 한류 스타가 어디에서 성형수술을 했는지 묻곤 한다. 상황이 이렇다 보니 연예인 지망생들 역시 연기수업보다 먼저 성형수술을 하려고 하는 경우가 많다.

TV나 스크린을 통해 보는 연예인들 상당수가 엇비슷한 외모다. 대중이 원하는 외모가 시대별로 다르기 때문이다. 남자의 경우 선이 굵은 외모가 각광받던 시대가 있었다. 쌍꺼풀이 있는 부드러운 외모가 유행하던 시대도 있었는데, 요즘은 쌍꺼풀을 선호하지 않는다.

이런 유행에 따라 연예인 지망생들은 자기 단점을 커버하려고 성형수술을 한다. 하지만 성형수술이란 게 원래 한 군데를 하면 또 다른 곳에 욕심이 난다. 결국 자기의 본모습은 사라지고 전혀 다른 사람이 되는 경우를 많이 본다.

필자는 자기 단점을 커버할 정도로 적당히 성형수술을 하는 것에는 반대하지 않는다. 하지만 지인이 몰라볼 만큼 대대적으로 수술하는 것은 무조건 반대한다. 지금 시대가 원하는 외모는 자신만의 개성이 살아 있는 자연스러운 얼굴이다.

누구나 잘생기고 예뻐지고 싶겠지만 요즘은 개성이 더 중요한 시대임을 기억하라. 바꿀 수 없는 단점이라면 차라리 드러내놓고 자신만의 개성으로 만드는 것이 좋다. 성형수술에 관심을 갖기 전에 자기의 장점을 살리든가 단점을 매력으로 승화시키면서 실력을 쌓는 게 우선이다. 남들보다 뛰어난 실력은 외모의 한계를 극복시켜줄 것이다.

필자는 오래전 무명 신인 배우와 함께 미용실을 간 적이 있다. 그때 신인 배우의 헤어스타일을 맡은 디자이너가 배우의 모질이 너무 두껍고 머릿결이 좋지 않아 '돼지털' 같다고 이야기했다. 전문가의 솜씨로 '돼지털' 같던 배우의 머릿결과 스타일은 한결 좋아졌지만, 배우의 머릿결에 대한 단점을 거침없이 내뱉어 참으로 당혹스러웠다.

그런데 얼마 후, 그 신인 배우는 스타로 빠르게 자리매김했다. 그러고 나서 다른 촬영 준비로 다시 같은 디자이너를 방문했다. 그때 디자이너는 스타가 된 신인 배우에게 머릿결은 물론 머리부터 발끝까지 완벽하다는 칭찬을 늘어놓았다. 사실 그 배우의 '돼지털' 머릿결은 예전보다 스타일이 나아졌지만 예전과 같은데도 말이다.

이처럼 남이 보는 나의 단점과 장점은 나로 인해 바꿀 수 있는 것이지, 결코 남을 통해 바꿀 수 있는 것이 아니다.

잘생긴 배우가 스타가 되지 못하면 '외모보다 못한 배우'일 뿐이고, 못생긴 배우가 스타로 자리매김하면 '개성과 매력남'으로 등극하는 것이다. 결국 자신의 매력을 찾아 보석으로 만들어가는 과정이 가장 중요하다.

연예인으로서 당연히 외모는 가꾸어야 한다. 단, 자신만의 무기가 되도록 가꾸어야 한다. 아직 불만족스러운 외모가 보일 뿐인가? 불만을 갖기 전에 조그만 장점이라도 찾아보자. 자신만의 개성을 다듬는다면 아주 매력적인 사람이 될 것이다.

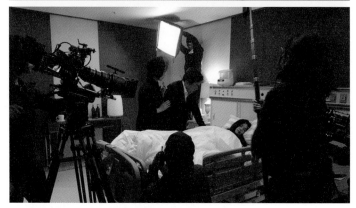

★ 드라마 촬영 현장 _배우 이효정.

자신만의 개성 있는
매력을 찾아라

세상에 자신의 미모와 능력을 뽐내고 자랑하려는 이들은 수없이 많다. 그래서 "잘생겼다", "예쁘다", "귀엽다", "섹시하다"라고만 평가되는 배우라면 그 인기는 오래 지속되지 못한다. 하지만 그 사람만 가진 개성 있는 매력이 있다면 얘기는 달라진다. 그게 외모일 수도 있고 내면일 수도 있다.

진짜 자신만의 매력을 찾아 다듬어 나간다면 오랫동안 대중에게 사랑받을 수 있을 것이다.

자신이 맡은 분야의 일에 푹 빠져 살아가는 이들에게는 남다른 매력이 있다. 외모가 좀 뒤떨어지더라도 일에 몰두해 정열을 쏟아내는 모습을 보이면 그것만으로 매력적이다. 그 매력은 만들어낸 게 아니라 자신 안에 있어서 저절로 보여지는 것이다. 그럼 개성 있는 매력으로 사랑받는 스타에는 누가 있을까?

배우 유해진은 2016년 개봉한 영화 「럭키」에서 주연을 맡아 흥행에 성공했다. 그는 짧지 않은 시간 동안 무명배우로 활동했고, 본격적으로 대중에게 얼굴을 알린 계기는 영화 「신라의 달밤」이었다. 그가 영화에서 맡은 역은 경주 지역 조직폭력배 2인자로 자신의 보스를 배신하는 기회주의자 역할이었다.

그의 얼굴에 어울리는 역할은 다양하다. 인상을 썼을 땐 야비한 조폭, 비굴한 표정을 지었을 땐 웃기는 조폭이다. 미남이라고 할 수 없는 외모지만 훌륭한 연기력과 뛰어난 캐릭터 표현력으로 다른 배우가 흉내 낼 수 없는 자신만의 개성을 완성했다.

배우 공효진 역시 정형화된 미인은 아니지만 자신만의 매력을 통해 대체불가의 여배우로 확실하게 자리를 잡았다. 영화 「홍당무」에 다른 여배우를 생각할 수 없을 만큼 열연을 펼치며 애초부터 주인공으로 낙점되기도 했다.

충무로의 샛별로 불리는 신인 배우 류준열은 다채로운 작품 활동 속에서 맡은 역할마다 소화력을 달리하며 변신하고 있다. 그 역시 미남형은 아니지만 개성이 넘치고, 작품 속에서 빛나는 그만의 매력을 완성해 가고 있다. 길거리 하찮은 깡패, 순수한 사랑을 꿈꾸는 청년, 나라를 걱정하는 운동권 학생 등 극과 극의 캐릭터에 거침없이 도전하는 배우 류준열은 단역과 조연을 가리지 않고, 탄탄한 배우의 시간을 쌓고 있다. 그는 앞으로 더욱 자신만의 색을 가진 매력적인 배우로 거듭날 것이다.

해외의 경우를 살펴보면, 애니메이션 「포카혼타스」의 여주인공처럼 동양에서 봤을 땐 아주 평범한 외모의 동양인이 인기가 많다. 서양인들의 눈엔 그들 사회에선 찾아보기 힘든 독특한 매력을 가지고 있는 신비한 미녀인 것이다.

사실 미의 기준은 시대에 따라 바뀐다. 지금이야 동서양을 막론하고 다이어트를 하지만 고대의 토우를 보면 뚱뚱한 여자가 미인이었다.

자신의 외모가 현재 미의 기준과 다르다면 다른 방식으로 미모를 뽐내면 될 일이다.

한편, 외모뿐 아니라 이름에서 개성을 찾는 경우도 있다. 보통의 연예인들은 보다 더 세련된 예명으로 바꾸려 노력한다. 하지만 개그우먼 이영자는 반대로 이유미란 예쁜 본명이 있음에도 불구하고 자신의 이미지를 살리기 위해 일부러 촌스러운 예명을 선택했다.

이처럼 자신만의 개성을 찾아 매력을 살린다면 대중에게 더욱 가까이 다가갈 수 있다. 자신이 지니고 있는 장점과 매력이 무엇인지부터 알고, 그것을 갈고 닦는 것이 현명하다. 지금 당장 자신만의 매력을 찾아보자.

" 날 스쳐 지나가는 모든 것이
창조의 재료가 되고,
나의 예술적 가치에 보탬이 된다.
혹, 지금 힘든 시간을 보내고 있다고 해도,
그것 역시 훗날 당신처럼 힘들어 하고 있을
많은 사람들에게 위로와 힘이 될
아름다운 에너지로 쓰일 테니
용기를 갖고 자신만의
색채를 만들어 나가기를…. "

_배우 강성연

" 한 걸음 한 걸음 자신에게
주어지는 작은 역할을
성실하게 해나가며, 나의 길이
맞는지 점검해 보세요.
저는 스타보다는 배우가
되고 싶어 이 길을 계속 갑니다.
작품 속 작은 소품 하나도
자기 몫의 연기를
하고 있으니까요. "

_배우 우희진

무책임한 부추김을
현명하게 구별해야 한다

우리는 누구나 환경의 영향을 받기에, 주변인의 삶을 보며 미래를 꿈꾸기도 한다. 한편, 주변 사람들이 부추겨서 자신의 길을 선택하는 경우도 있다. 이것은 연예인 지망생에게 가장 걱정되는 환경이다. 연예인에 대한 환상과 꿈만 가득한 때에는 주변의 잘못된 부추김과 무책임한 조언에 휩쓸리기 쉽다.

예를 들어, 길을 가다 연예인이 되라고 부추기는 사람을 만나서 그 사람이 추천하는 아카데미에 다녔는데, 자신과 맞지 않아 결국 시작도 못하고 그만두는 경우가 있다. 병원에 가서 성형수술을 하면 연예인이 될 수 있다고 해서 믿고 따랐는데, 수술만 계속하다가 외모만 망가지는 경우도 있다. 이런 비극을 누가 책임질 것인가?

잔뜩 바람만 넣고 무책임하게 외면하는 바람잡이에게 꿈을 희생 당하지 않기 위해서는 무책임한 부추김을 현명하게 구별해야 한다. 누군가 나의 꿈과 진로에 대해 조언한다면, 그것이 현실적인지 신중하게 생각해본다.

나아가 연예인도 직업의 연장이라는 것을 기억하자. 연예인을 평생 직업으로 생각한다면 자신이 선택한 직업에 재능이 있는지, 적성과 맞는지 잘 따져볼 필요가 있다.

모든 직업인이 마찬가지겠지만, 가장 바람직한 모습은 좋아하고 잘하는 일을 선택해 성공하는 동시에 보람도 느끼는 것이다. 단순히 꿈만 좇을 것이 아니라 잘해낼 수 있는 직업인지 자신에게 수없이 묻고 답하며 선택하기 바란다.

힘들더라도 도전할 만한 가치가 있다고 확신이 든다면 무얼 망설이는가, 연예인이 되기 위해 최선을 다하라!

다음에 나오는 '연예인이 된다면 잘할 수 있을까?' 테스트는 자신의 성향을 파악하는 데 도움이 될 것이다.

'연예인이 된다면 잘할 수 있을까?' 테스트

※ 다음 30가지 질문은 언어, 대인관계, 논리, 공간, 신체운동능력, 감성, 자기성찰 등을 파악할 수 있게 구성되어 있습니다.

※ 이 테스트는 당신이 연예인이 됐을 때 필요한 능력을 알기 위한 참고용으로, 재능이나 성공 여부를 판정하는 기준이 아닙니다.

1. 상대방이 좋아하는 것을 기억해서 대화 중에 이야기한다.　　　　YES □ NO □

2. 타인의 감정에 쉽게 공감한다.　　　　YES □ NO □

3. 과학적인 질문보다 철학적인 질문을 좋아한다　　　　YES □ NO □

4. 처음 가는 길을 어렵지 않게 찾는다.　　　　YES □ NO □

5. 처음 하는 일에 두려움보다는 흥미를 먼저 느낀다.　　　　YES □ NO □

6. 자신의 생각대로 몸을 쓸 수 있다. (몸치가 아니다!)　　　　YES □ NO □

7. 노래 실력과 상관없이 음정과 박자를 즐긴다.　　　　YES □ NO □

8. 과학이나 시사 뉴스에 관심이 많다.　　　　YES □ NO □

9. 다른 사람이 하는 이야기의 핵심을 잘 파악한다.　　　　YES □ NO □

10. 한 번 본 사람의 얼굴, 또는 한 번 갔던 길을 잘 기억한다.　　　　YES □ NO □

11. 동경하는 특정 인물이나 환경이 있다.　　　　YES □ NO □

12. 그림을 그리거나 끄적거리는 낙서를 좋아한다.　　　　YES □ NO □

13. 많은 사람 앞에서 칭찬을 받을 때 부끄럽지 않다.　　　　YES □ NO □

14. 사람들과 이야기하는 것을 좋아한다.　　　　YES □ NO □

15. 눈치가 빠르다는 말을 자주 듣는다.　　　　YES □ NO □

16. 주변의 다양한 소리를 즐긴다.　　　　YES □ NO □

17. 새로운 것(새로운 사람)을 만나면 기존의 것(알던 사람)과 비교한다.   YES □ NO □

18. 내가 무엇을 잘하고, 무엇을 못하는지 잘 파악하고 있다.   YES □ NO □

19. 외모나 몸매를 가꾸기 위해 늘 신경 쓴다.   YES □ NO □

20. "개성 있다"는 칭찬을 자주 듣는다.   YES □ NO □

21. 불특정 다수 앞에서 이야기할 때 떨지 않는다.   YES □ NO □

22. 급작스러운 상황에도 잘 대처한다.   YES □ NO □

23. 자신에게 고쳐지지 않는 습관이 있다는 것을 안다.   YES □ NO □

24. 드라마나 영화를 볼 때 잘 운다.   YES □ NO □

25. 말이 통하지 않아도 누구나 소통할 자신이 있다.   YES □ NO □

26. 논리적이지 않은 글이나 상황을 만나면 고치고 싶은 마음이 든다.   YES □ NO □

27. 어떤 일이 있어도 시간을 잘 지킨다.   YES □ NO □

28. 잘못된 점을 지적 당하면 무엇이 잘못됐는지 궁금하다.   YES □ NO □

29. 다양한 아르바이트를 많이 했다.   YES □ NO □

30. 인생의 멘토, 그리고 좌우명이 있다.   YES □ NO □

Yes가 10개 미만일 때

꼭 연예인이 되어야 할까요? 다른 길도 있는데….
다시 처음부터 읽어보길 권합니다.

Yes가 10개 이상일 때

걱정이 좀 됩니다만, 그래도 한번 도전해볼까요?

Yes가 20개 이상일 때

유망주네요. 끝까지 잘 읽어주세요~

Q 저는 고등학교 2학년으로 춤추고 노래하는 걸 무척 좋아합니다. 그런데 TV에 나오는 걸그룹들을 보면 모두 예뻐요. 전 그냥 평범한 얼굴인데 예뻐 보이기 위해 성형수술을 해야 하나요?

A 연예인 지망생의 경우 예뻐지려고 성형수술을 꼭 해야 한다고 생각하는 경우가 많다. 요즘은 일반인들도 성형수술을 많이 할 만큼 외모에 관심이 많은 건 사실이다.

하지만 무조건 예쁘고 잘생긴 외모로 스타가 되는 것은 아니다.

과거에는 '모태 미모'가 연예인이 되기 위한 절대적인 조건이었을 때가 있었다. 하지만 요즘은 일반인도 연예인처럼 꾸미는 경우가 많아서 외모가 특별히 다르지 않다.

솔직히 말해, 신인을 소개받거나 작품 캐스팅을 위해 후보들을 나열하면 똑같은 이미지일 때가 있다. 그럴 때면 모두 같은 성형외과 출신인가? 아니면 저렇게 외모를 가꾸는 게 트렌드인가? 싶어서 혼란스럽다.

예쁘고 잘생기면 좋겠지만 외모가 더 이상 연예인의 필수조건은 아니다. 단점은 단점대로, 장점은 장점대로 나만의 경쟁력을 갖추는 것이 첫 번째 조건이다. 외모만으로 데뷔할 수는 있겠지만 속이 차지 않은 열매가 어떻게 소비자를 이끌겠는가? 무작정 외모를 가꾸는 데 승부를 걸지 말고 실력을 키우는 데 집중하자.

Q 어릴 때부터 남들 앞에 나가 노래하고 춤추는 걸 좋아했어요. 선생님이나 친구들에게 잘한다는 칭찬도 많이 들었어요. 그래서 자연스레 연예인이라는 꿈을 꾸게 됐는데요. 연예인이 되기 위해 뭘 준비해야 하나요?

A 이 질문의 답은 자기 자신에게 있다.

지난 10년 동안의 패션 트렌드를 생각해보자. 얼마 전까지만 해도 타이트하고 길이가 짧은 핏이 유행하더니, 최근엔 오버사이즈 코트가 유행했다. 스키니진이 유행한 게 엊그제 같은데 요즘은 펑퍼짐한 청바지를 즐겨 입는다. 내게 어떤 옷이 잘 어울리는지는 자기 자신이 제일 잘 안다.

세상은 아주 빠르게 변한다. 그리고 그 흐름에 맞춰 준비할 것은 무궁무진하다. 연기, 영화, 방송 등에 대한 기본적인 이론 공부뿐만 아니라 실전에 대비해 실력을 키우는 것 역시 필수다. 배우는 태권도, 유도, 승마, 스키, 바둑, 당구 등 뭐든지 할 줄 아는 것이 많으면 많을수록 좋다. 자신이 언제 어떤 작품에 출연할지 아무도 모른다.

배우 정준호는 MBC 공채 신인 배우로 합격한 뒤, 캐스팅을 기다리던 어느 날 한 PD로부터 "스키 탈 줄 아니?"라는 질문을 받았다. 그러자 자신있게 "예"라고 답한 뒤 드라마에 캐스팅됐다. 그리고는 부단히 스키 타는 연습을 했다고 한다.

배우가 되기 위해선 이 세상의 모든 지식과 기술을 준비해야 한다고 생각하면 간단하다. 자신의 장점을 가장 잘 활용할 수 있는 것, 자신의 개성을 가장 두드러지게 드러낼 수 있는 것, 그리고 자신의 단점을 오히려 장점으로 바꿔 줄 수 있는 것부터 배우자.

Q 저는 배우가 꿈인 중학생입니다. 저희 엄마도 제가 장동건을 닮았다며 늘 칭찬을 많이 해주십니다. 요즘엔 아역 배우도 많고 아이돌그룹도 나이 어린 친구들이 많은데요. 베테랑 연예기획자님은 언제 데뷔하는 것이 가장 좋다고 생각하세요?

A 부모 눈에는 자기 자식이 제일 잘생기고 제일 예쁘다. 뭘 해도 귀엽고 대견할 것이다. 그렇게 콩깍지가 씌어서 뭔가 특별하게 잘한다고 생각하는 경우가 많다.

아이 땐 능동적이고 자유롭다. 흥이 나면 춤을 추고 노래를 부른다. TV나 인터넷을 보고 유명 연예인의 노래나 대사가 마음에 들면 그대로 따라한다. 그걸 본 부모는 자기 자식이 그런 쪽에 자질이 풍부하다고 착각하는 경우가 많다.

물론 가수 보아부터 배우 김민정, 유승호, 문근영, 김유정, 김소현처럼 어릴 때 일찌감치 연예계에 진출해 성공한 경우도 있다.

하지만 알려지지 않았을 뿐 많은 아역들이 실패했다. 아역배우로 데뷔해 일찍부터 경험을 쌓는 것도 좋겠지만, 빨리 스타가 되겠다는 욕심에 어릴 때부터 연예계 진출에만 매달리는 건 위험하다.

필자는 재능이 많더라도 아역배우로 일찍 시작하는 건 별로 찬성하지 않는 편이다. 적어도 중학교를 졸업할 때까지는 가정과 학교에서 가족의 사랑과 배려를 받고, 또래 친구들과 놀면서 기본적인 인성교육과 학업을 통해 내실을 다지는 것이 바람직하다.

배우는 예술가인 동시에 장인이다. 장인은 천천히 기본기를 배우면서 실력을 키워 대기만성하는 게 좋다.

Q 고등학교 1학년 남학생입니다. 워낙 노는 걸 좋아해서 성적이 많이 안 좋은 데요. 반에 거의 꼴찌를 면하는 수준이에요. 이렇게 공부를 못해도 연예인이 되는 데 문제가 없을지 걱정인데요. 꼭 공부를 잘해야 하는지, 아니면 어떤 공부를 해야 할까요?

A 학생 시기에 학교에서 배워야 할 것을 잘 배우고 기본기를 닦아주면 여러모로 도움이 된다. 하지만 단지 몇 등까지 성적을 올리겠다고 목표를 세우면 공부하는 것이 힘들고 끔찍한 일이 될 수도 있다.

따라서 나의 미래를 위한 투자라고 생각하고, 시간과 여건이 허락되는 그 시기에 마음껏 공부에 투자한다고 생각해보라. 그런 마음으로 공부한다면 성적은 자연히 따라올 것이다.

반에서 몇 등까지라고 말하지 않겠다. 본인이 대중문화를 이해하고 꿈을 펼치기에 어려움이 없을 정도면 충분하다. 가고 싶은 대학이 있다면 입학할 수 있는 성적이 나오도록 열심히 공부해야 하고, 굳이 대학을 갈 생각이 없다면 다른 방향으로 자신의 지식을 쌓으면 된다. 여기서도 중요한 것은 목표를 정확하게 잡고 계획을 세우는 것이다.

배역을 완벽히 이해하기 위해 대본을 보거나 영화를 이해하는 것도 사전지식이 갖추어졌을 때 제대로 받아들일 수 있다. 결국 배운다는 건 무엇을 하든 도움이 된다. 가장 필요한 걸 꼽자면 언어 공부다. 세계 무대로 진출하려면, 영어뿐 아니라 일본어, 중국어 등 다양한 언어를 잘하면 도움이 된다.

또한, 다양한 경험과 지식을 쌓는 것이 중요하다. 경험은 지망생의 성격과 인생관에 따라 다양하게 나뉠 수 있다. 이때 지식을 쌓기 위해 가장 기본이 되는 것, 바로 책을 가까이 하는 것이 좋다. 책은 또 다른 세상이며 경계 없는 세계다. 책을 통해 다양한 경험을 할 수 있고, 책을 통해 지식과 상상력을 넓힐 수 있다. 독서야말로 아무리 강조해도 모자라지 않을 만큼 중요한 경험이다. 꼭 연기, 영화, 드라마에 관련된 책이 아니더라도 내면의 깊이를 더할 수 있는 지식과 정서에 도움이 되는 책이라면 가까이하는 게 좋다.

예를 들어, 배우가 되면 대본(시나리오)을 외우고 해석해야 하는데, 책에는 다양한 사람들의 경험과 지식이 담겨져 있다. 책과 친해져라. 모든 책이 대본이라고 생각하면 독서가 즐거울 것이다.

하나의 팁을 주자면, 책을 읽을 때 책 속의 인물과 동화되어 보자. 혹은 책속의 글을 대본의 대사라고 생각하고 그 속에 빠져보자. 한결 더 책과 친해질 수 있을 것이다.

Q 저는 연예인이 되고 싶은데 꿈이 많아서 걱정입니다. 가수가 되어 무대에도 서고 싶고, 배우가 되어 영화나 드라마도 찍고 싶거든요. 어떤 것부터 도전해야 할지 모르겠어요.

A 연예인 지망생으로서 이것저것 많은 것이 되고 싶은 마음은 이해하지만, 그 분야의 주인공이 되고 싶다면 목표를 정확히 정해야 한다. 따라서 자신만의 개성을 살릴 수 있는 분야를 목표로 잡는 일이 최우선이다. 이때 거창한 계획을 세울 필요는 없지만 그 분야에 관해서는 만능이어야 한다.

예를 들어, 배우가 되고 싶다면 멜로, 사극, 액션, 판타지 등 어떠한 장르라도 소화할 수 있는 기본적인 지식, 재능 등을 익혀야 한다. 특히, 액션 쪽에 관심이 있다면 체력 단련에 힘쓰면서 각종 격투기와 다양한 스포츠를 배우는 게 도움이 된다.

저는 고등학생으로 학교가 끝나면 학원에도 가고 하루하루가 너무 바빠요. 하지만 제 꿈은 배우가 되어 사람들의 다양한 인생을 표현하는 거예요. 지금 상황에서 배우를 준비하려면 제일 먼저 무엇을 해야 하나요?

학생이라면 당연히 학업에 충실한 것이 가장 바람직하다. 그건 너무 당연한 것이라 다른 방향으로 뭔가 배우가 될 준비를 할 수 있는 것에 대해 묻는 것 같다. 그렇다면 어떤 것이 있을까?

이때 하고 싶은 말은 '좋아하는 것과 친해져라'는 것이다. 남들에겐 취미일지 몰라도 자신에게는 직업이 될 것이기 때문에 배우로서 필요한 모든 것에 친해져야 한다.

우선 영화, 드라마, 예능, 광고 등을 즐기면서 많이 봐둔다. 배우는 다른 사람의 삶을 표현해야 하므로, 극 중에서 여러 인물의 캐릭터를 연구하며 본다면 한층 재미있을 것이다. 또한, 배우들의 다양한 감정과 표정, 몸짓을 연습하면 공감능력도 키울 수 있다.

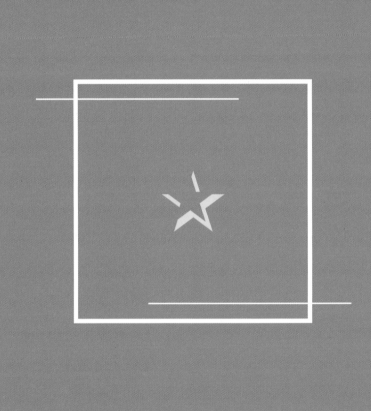

철저한
자기관리로
미래를 준비하라

준비 편

정말 원한다면
놀면서 즐겨라

지상파 방송사의 교양 프로그램에서 카메라맨이 무작정 카메라를 들이밀 때 그걸 자연스럽게 받아들이는 사람은 많지 않다. 물론 대부분 사전에 양해를 구했거나 연출한 것이지만, 어떤 사람은 당황해서 화를 내기도 한다.

연예인 지망생의 경우도 크게 다르지 않다. '화면발'을 점검해보기 위해 사진 촬영을 하면 표정도 포즈도 경직되어 무척 어색하다. 제대로 된 한두 컷을 찍는 데 서너 시간씩 걸리기도 한다. 심지어 SNS에 올려놓은 셀피(selfie, 촬영자가 자신을 촬영하는 것)보다 못할 때도 많다.

왜 그럴까? 물론 경험이 부족하기 때문이다. 하지만 더 큰 이유는 자신의 단점이 신경 쓰여서 사진이 이상하게 나올까봐 미리 걱정하는 데 있다. 당연히 모든 게 부자연스러울 수밖에 없다. 하지만 사진을 찍는 카메라맨은 인물의 캐릭터를 가장 잘 살리는 전문가다. 배우 지망생의 경우 그게 단점이든, 장점이든, 자신의 개성을 마음껏 뽐내고 촬영하는 시간을 즐기면 그만이다. 잘 보이려 하지 말고 카메라를 잘 봐라. 그렇게 당당하게 카메라 앞에서 그냥 즐기면 된다.

동영상 카메라 앞에서 연기하는 것도 마찬가지다. 잘해야만 한다는 압박감 때문에 자연스러운 연기가 되지 않는다. 긴장해서 달달 외운 대사는 꼬이고, 얼굴 표정은 일그러지기 쉽다.

반면에 오래 활동한 연예인은 오히려 카메라 앞에서 여유롭다. 평소엔 어눌하거나 멍한 표정이다가도 감독의 '큐' 사인만 떨어지면 눈에서 빛이 쏟아져 나오고 행동이 자연스러워진다.

그는 그 배역이 되려고 하는 게 아니라 배역을 자기 안으로 녹여낸다. 자기 안에서 배역을 끌어내는 것, 바로 '페르소나(persona, 감독의 분신이나 특정한 상징)'다.

고대 그리스 시대 연극배우들은 극단에서 연기를 하는 게 관객들에게 큰 충격을 주기 때문에 자극적인 표정은 가면을 쓰고 했다. 거기서 유래한 게 '페르소나'다.

요즘은 연기를 위한 연기가 아니라 내면에서 우러나오는 자연스러운 연기가 요구된다. 즉, 배역에 끌려가는 게 아니라 내가 배역을 이끌어야 한다. 실력파 배우는 신인이나 조연보다 더 치열하게 그 역할에 대해 준비한다. 그리고 카메라 앞에서 맡은 역할을 자기의 '페르소나'로 만들어 멋있게 소화한다.

여기서 중요한 것은 자연스러운 것 이상으로 자기 것을 만들어 즐겨야 한다는 것이다. 앞에서 필자는 신인 프로필 사진보다 일반인의 셀피가 더 자연스럽다고 말한 바 있다. 그 이유는 셀피 속의 사람들은 그 누구의 눈치도 보지 않고 당당하게 자신을 표현하기 때문이다. 스스로 즐거워서 행동하기에 가능한 일이다.

배우가 되고 싶은 이유는 무엇보다 연기를 좋아하기 때문이 아닌가? 다른 누군가를 의식할 필요가 없다. 그냥 좋아하는 일이니 그 속에 몰입해야지, 잘하려고 의욕을 불태우지 말라는 얘기다. 일 자체를 즐기면 자연스레 몰입된다.

셀피 속의 사진을 남들이 보면 귀엽다고 하지만 본인이 보면 쑥스러울 때가 있다. 이처럼 내가 몰입하면 스스로 부끄러울지 몰라도 남들은 표현을 잘했다고 하는 것이다.

그토록 간절히 원했던 것을 하게 된 순간, 놀면서 즐겨야 한다. 기회가 왔는데 걱정만 하고 긴장하면서 시간을 낭비할 것인가? 그 사이 내 자리는 경쟁자가 빼앗아간다. 기회가 왔는데 기쁘게 즐기지 못할 이유가 없다.

유명 배우에게 연기를 어떻게 하냐고 물으면, 배역에 몰입해 미쳐서 했거나 카메라 앞에서 놀이를 하듯이 즐긴다고 답한다. 하물며 연예인 지망생은 꿈이 현실이 되는 중요한 기회를 잡아야 한다. 이런 중요한 시점에 두려움이 앞서는가, 설레임이 앞서는가?

놀자, 즐기자, 그러면 미치게 된다. '미칠 광(狂)', 이 한자는 '광기(狂氣)'에도 '열광(熱狂)'에도 들어 있다. 연기는 '광기'가 실릴 때 절정에 이르고, 배우는 캐릭터에 '열광'할 때 정상에 오를 수 있다.

배우는 프로다. 아마추어보다 더 큰 성취감과 행복감을 느낄 수 있는 프로의 세계에서 미치지 않을 이유, 즐기지 말아야 할 이유는 없다.

 공채와 오디션은 어떻게 다른가요?

- **공채(公採, 공개 채용)** : 1980년대나 1990년대만 해도 방송국 공채 탤런트로 뽑혀서 연기를 시작하는 경우가 많았다.
- **오디션(audition)** : 방송국 프로그램에서나 영화 제작사, 드라마 제작사, 공연극단, 소속사 등에서 지망생을 공식적으로 모집하는 방식이다.

지금은 소속사의 오디션에 뽑힌 후 활동을 시작하는 경우가 많다. 물론 아나운서, 리포터, 개그맨 등의 공채 제도는 여전히 남아 있다.

★ 정말 원한다면 놀면서 즐겨라.
배우가 되고 싶은 이유는 무엇보다 연기를 좋아하기 때문이 아닌가?
다른 누군가를 의식할 필요가 없다.

끼를 발휘하기 위해
유아기로 되돌아가자

누구나 유아기에는 배고프면 울고, 배부르면 자고, 기분 좋으면 웃고, 아프면 울었다. 말 그대로 본능에 따라 행동한다. 하지만 성장하며 생각이 많아지고 점차 이성적으로 행동하게 된다.

그런데 아이러니하게도 연예인에게 지나치게 이성적인 것은 때론 걸림돌이 될 때가 있다. 도전도 하기 전에, 혹은 초기 단계에서 '안 되면 어떻게 하지?', '이런 걸 내가 할 수 있을까?'라고 미리 너무 많이 생각해 실수하는 경우가 생긴다.

만약 어른이 되어서도 필요한 순간에 유아처럼 행동하는 능력이 있다면 어떻게 될까? 본능에 의해 감각적으로 행동할 수 있게 될 것이다. 생각이 많으면 걱정이 뒤따르고 걱정은 두려움으로 변한다. 차라리 자신이 하고 싶은 것만 바라보며 행동하는 게 지나치게 고민하는 것보다 나을 때도 있다.

지금까지 수많은 연예인의 매니저를 하면서 자연스레 작품 분석을 많이 했다. 그런데 그게 의외로 얻은 것보다 잃은 게 많은 경우도 있었다. 예를 들어, '과연 저 역할을 제대로 해낼까?'라고 함께 고민을 거듭하다 보니 실제 연기가 수동적이고 경직되게 나오는 경우가 생긴 것이다.

연예인은 생각이 유연해야 되는 직업이다. 매 작품마다 다른 역할로 변신해야 하는 배우는 더욱 그렇다. 그런데 오디션에 참가한 신인을 보면 "꼭 되어야 한다"며 잘해야 한다는 압박감 때문에 오히려 제대로 실력 발휘를 못하는 이들이 있다. 압박감이 두려움으로 작용한 것이다. 쉽진 않겠지만 "결과는 운명에 맡기고 순간을 즐기라"고 말하고 싶다.

경험에 의하면, 지망생들은 잘할 수 있다는 마음보다 안 될 거라는 두려움이 앞서는 경우가 더 많다. 그래서 처음 경험하는 사람, 아무 생각 없이 연기하는 사람이 더 잘할 때도 있다.

데뷔작에서 잘한 덕분에 다른 감독의 눈에 들어 후속 작품을 찍었는데 오히려 못하는 경우도 있다.

그러니 연예인, 특히 배우가 되려면 유아들이 하는 것을 보고 배워라. 유아들은 본능에 따라 행동한다. 서너 살 이후 의사표현이 가능해지고, 사물을 보고 판단하는 능력이 생기면서 우리는 의도를 갖고 행동하게 된다. 때론 목적을 이루기 위해 자신만의 전술을 구사하기도 한다. 예를 들면, 라면이 먹고 싶은데 엄마가 밥을 고집한다면 단식투쟁을 하는 식이다.

유아기 땐 그런 게 없었다. 배가 고프면 그냥 울었고, 엄마가 젖을 물리면 젖을 먹었고, 이유식을 주면 그걸 먹었다.

미국 컬트 영화계의 거장 데이빗 린치(David Lynch)는 연출만큼이나 뛰어난 미술 실력으로 유명하다. 어릴 때 그는 드로잉을 곧잘 했는데, 그의 어머니는 절대 미리 밑그림이 그려진 그림, 학용품을 사주는 법이 없었다. 인쇄된 밑그림에 색칠만 하는 건 창작이 아니라 놀이라고 생각했기 때문이다.

배우 역시 같은 이치다. 못 그려도 된다. 그냥 자신이 드로잉하고 거기에 생각대로 색을 입히면 자신만의 창의적인 그림이 완성된다. 누구를 닮으려고 의도하지 말고, 감독에게 의식적으로 잘 보이려 하지 말자. 어떻게 하면 이 상황에서 캐릭터의 감정을 가장 자기만의 방법으로 창조해낼 수 있을까를 잠깐 생각한 후에, 본능이 이끄는 대로 움직여라!

여기서 중요한 건 내가 창조한 만큼 그 순간을 충분히 즐기는 것이다. 남들에게 잘 보이려 하지 말고, 자기 내면에서 끄집어낼 수 있는 모든 걸 이번이 마지막이라는 각오로 쏟아내라. 그렇게 유아기 때의 본능을 즐겨라!

★ 끼를 발휘하기 위해 유아기로 되돌아가자.
자신이 하고 싶은 것만 바라보며 행동하는 게
지나치게 고민하는 것보다 나을 때도 있다.

달콤하고 맛있다고
좋은 것이 아니다

연예인이 되려고 정보를 얻다 보면 알면 알수록 생각이 많아지기 마련이다. 더 잘하려는 욕심과 고민 때문이다. 그리고 마음이 급해져 자신을 포장하기에 바쁘다. 하지만 속이 빈 상자에 포장만 잘한다고 상품가치가 올라가진 않는다. 연예인 지망생도 마찬가지다.

연예계에 발을 내딛으면 1년도 안 되어 겉으로는 많은 것을 알게 된다. 그래서 스타가 되기 위해 포장을 하거나 다른 스타들처럼 잘할 수있을 거라고 착각하게 된다.

욕심은 누구나 가질 수 있다. 하지만 절제하며 냉정하게 자신을 파악해야 실패와 멀어진다. 빨리 주인공이 된다고 오랫동안 주인공을 하는것도 아니다. 오랫동안 조연에 머무르다 스타로 올라서는 배우도 많다. 노력과 기다림은 오래갈 발판을 만든다. 급한 마음에 자기에게 맞지 않는 작품이나 배역을 역할의 비중만 생각해서 선택한다면 나쁜 결과를 얻게 된다.

시간이 걸리더라도 자기에게 맞는 것을 찾도록 노력한다. 천천히 걸어간다고 스타가 안 되는 것이 아니다. 자기에게 맞는 것을 찾아 꾸준히 걷는 게 단거리 달리기로 승부하는 것보다 현명하다.

오래전에 필자와 함께하던 신인 배우가 영화 「귀천도」의 오디션을 본적이 있다. 그 결과 500대 1의 경쟁을 뚫고 여주인공으로 발탁되는 데 성공했다. 당시 감독님은 신인이라 걱정이 많아서인지 역할에 대한 공부 등 다양한 것을 요청했다. 보통은 배우들이 현장 헌팅을 가지 않는데, 영하 15도나 되는 현장을 따라가기도 했다. 주인공 도연 역에 대한 생각을 매일 원고지 10매씩 쓰라고 해서 필자와 배우가 각각 50매씩 써서 100매를 제출한 적도 있다.

그렇게 열심히 준비하던 작품이 촬영 몇 회만에 감독이 바뀌면서 주인공도 바뀌게 됐다. 당시에는 신인 배우가 준비가 덜 됐기 때문에 경직된 상태에서 촬영할 수밖에 없었고, 결국 연기력이 부족하다는 이유로 중도하차하게 된 것이다.

그때 필자는 너무 안타까웠고, 배우 역시 억울함과 설움에 눈물을 흘렸다. 하지만 그때의 경험을 바탕으로 그 배우는 더욱 노력했고, 연기력을 키우기 위해 연극 「투비오나투비」를 단독으로 109회나 공연하면서 대박이 났다. 이후 좋은 작품들을 만나 승승장구하게 됐는데, 바로 한류스타 최지우다. 지금도 그때 필자를 믿고 따라준 배우에게 고맙게 생각한다.

많은 사람들은 드라마 「겨울연가」로 갑자기 '지우히메'가 된 최지우만 기억하지, 오랜 무명 시절을 거친 신인 배우 최지우는 잘 모른다. 그녀는 드라마, 영화, 방송, 예능, 공연, 오디션 등 수많은 과정을 거친 끝에 자신에게 안성맞춤인 작품을 만났다.

그녀가 만든 이미지는 이웃집 누나, 아주 편한 친구나 애인 같은 대중과 친숙한 스타다. 실패를 겪는 쓰디쓴 과정을 도약의 기회로 받아들임으로써 한류 스타가 된 것이다.

앞서 경험으로 필자는 준비되지 않는 상태에서 주인공이 된다고 꼭 좋은 건 아니라는 것을 깨달았다. 그래서 주인공이라고 무조건 선호하지 않는다.

한 작품의 주인공은 사실상 그 작품에 대한 모든 것을 책임지는 자리다. 작품이 잘 되면 주인공의 공로를 인정받지만, 반대로 잘 안 되면 비난을 고스란히 뒤집어써야 한다. 따라서 정말 이 역할을 맡아서 제대로 소화할 수 있는지가 중요하다. 시간이 걸리더라도 마음이 조급하더라도 돌아가는 방법을 아는 것이 중요하다.

달콤한 사탕발림으로 다가오는 유혹 앞에서 올바른 판단은 쉽지 않다. 하지만 달콤함은 한순간이다. 달콤한 것을 마냥 좋아한다면 치아만 썩을 뿐이다. 만약 달콤한 것에 속지 않고 신중하게 선택하고 있다면, 일단 올바르게 가고 있는 것이다.

★ 드라마 촬영 모습.

내 상상 속의
카메라

대부분 사람들은 스마트폰으로 사진 찍고 SNS에 올리면서 일상을 공유한다. 카메라 앞에서 재미있는 설정 컷까지 자연스럽게 연출하며 사진 찍기를 즐긴다. 여러분은 어떠한가? 설마 SNS에 떠도는 일반 사진들처럼 항상 렌즈를 쳐다보며 손으로 V자를 그리고 있진 않은가? 적어도 내일의 '한류 드라마' 속 주인공이 목표라면 조금 다른 방식으로 카메라와 친해지길 바란다.

사진에 찍히는 시간뿐만 아니라 항상 주변에 카메라가 있다고 생각해보라.

만약 평소에 사진 찍는 걸 즐기는 편이라면 더욱 자주 즐겨라. 셀피를 찍든 친구가 찍어주든 표정과 행동을 다양하게 해본다. 바로 앞에서 가까운 거리로 줌 인(zoom in) 한다고도 상상하고, 저 멀리서 풀 숏(full shot, 인물이나 배경 전체가 들어가도록 설정된 화면)으로 잡는다고도 상상하라. 그리고 마음속으로 설정한 프레임 안에서 자신이 어떻게 행동하는지, 어떻게 하면 더 자연스럽고 멋지게 보이는지 연출력을 발휘해보자.

친구를 만나 수다를 떠는 모습, 가족들과 식사하는 모습, 아침 운동하는 모습 등은 우리가 드라마나 영화에서 흔히 볼 수 있는 장면들이다. 그렇다. 모든 일상을 지금 촬영 중이라고 해도 상황이 크게 다르지 않다. 스스로 그런 상상 속에서 말과 행동을 다듬다 보면 어느새 진짜 카메라가 내게 포커스를 맞춰도 자연스레 연기할 수 있게 된다.

이와 동시에 내 눈에도 카메라를 달아보자. 배우 송강호는 영화 「넘버 3」에서 "배, 배, 배, 배신이야"라는 대사 하나로 인생이 바뀌었다. 물론 나중에 그는 연극계의 동료였던 김윤석의 전매특허를 빌려온 것이라고 고백한 바 있었다.

갱스터 영화에 출연하는 배우들은 영화 「대부」의 알 파치노와 로버트 드 니로를 연기 교과서처럼 모델로 삼곤 한다. 그들은 모두 눈에 카메라를 달고 훌륭한 작품 속 배우의 연기를 촬영하면서 그 캐릭터에 빙의되는 노력을 기울이는 것이다.

이처럼 카메라와 친숙해지는 행동을 통해 연기를 일상화하는 것, 롤모델을 눈으로 촬영하는 것(흉내 내기)에 습관을 들이면 좋은 연기 스승을 둔 것과 같다.

그 과정이 익숙해졌다면 이젠 '먹방'을 할 차례다. 먹긴 먹되 맛있는 음식을 먹는 게 아니라 작품들을 섭렵하란 의미다. 그런데 세상엔 정말 많은 영화와 드라마가 존재하는데 도대체 무엇부터 봐야 할까? 이때 닥치는 대로 보라는 의미로 '먹방'이라고 했다.

물론 어느 분야든 정석은 있다. 우선 세계적인 명작, 세계적인 명배우가 출연한 작품으로 손꼽히는 영화부터 차근차근 머릿속에 쌓아간다. 이미 호평 받은 작품을 중심으로 보는 게 좋지만, 자신이 관심있는 것부터 봐도 좋다. 대신 많이 보자. 처음엔 주연 배우에 집중한다. 그리고 두 가지만 생각하자. '왜 저 배우는 서렇게 소화했을까?'와 '저 역할의 주인공이 나라면?'이다.

그렇게 거울에 카메라를 장착하고(이미 24시간 촬영 중이니까) 처음엔 그 배우와 똑같이 따라하고, 그 다음엔 나만의 방식으로 바꿔서 연습해본다. 그렇게 꾸준히 반복해서 놀이하듯 연습해보자. 어느새 내면엔 「시크릿 가든」의 하지원도, 「태양의 후예」의 송혜교도 모두 자리 잡게 될 것이다.

요즘 신인 배우들의 연기를 보면, 예전처럼 연기력이 검증되지 않은 채 주조연으로 발탁되어 연기하는 경우가 많이 사라졌다. 신인이기 때문에 부자연스러운 연기를 해도 된다는 인식이 바뀐 것이다. 흔히 말하는 발연기, 로봇연기가 많이 사라진 이유는 뭘까?

연예인 데뷔가 치열한 만큼 이미 실력을 갖춘 신인이 등장하는 이유도 있겠지만, 기술의 변화로 가상세계에 익숙해지면서 카메라와 대중 앞에 서는 두려움이 줄어든 것도 있다.

한편, 어색한 연기를 펼치는 신인 배우는 줄었지만 탄탄한 연기력을 갖춘 명연기자는 오히려 부족해지고 있다. 비록 기술을 발전했어도, 아날로그 시절처럼 꾸준히 노력하는 시간이 많이 필요한 이유이기도 하다.

최대한 다양한 작품을 보고 명장면을 마음속에 담아보자. 카메라로 직접 촬영할 수도 있고, 상상력을 동원해 머릿속의 카메라로 찍어볼 수도 있다. 이런 훈련으로 실력이 쌓이고 자신감까지 얻는다면 어느새 감동을 주는 연기를 하게 될 것이다. 그러니 우선 카메라와 능동적으로 친해지는 훈련이 필요하다.

★ 카메라와 친해져라.
　만약 평소에 사진 찍는 걸 즐기는 편이라면 더욱 자주 즐겨라.
　셀피를 찍든 친구가 찍어주든 표정과 행동을 다양하게 해본다.

너무 많이 고민하지 말고
경험을 쌓아라

연예인 지망생들은 어디서 무엇을 어떻게 배워야 하는지 답을 찾기를 원한다. 하지만 연예인이 되는 길은 누군가가 정해 놓은 답이 없다. 아카데미를 다니거나 개인레슨을 받거나, 혹은 대학에 진학해 공부하는 등 다양한 길이 열려 있다.

마음속에 있는 것을 끄집어내 과감하게 꿈과 목표를 설정하라. 그리고 그 꿈을 향해 작은 것부터 시작하라. 그 중에서도 가장 큰 공부는 경험이다.

'백문이 불여일견', 아무리 여러 번 들어도 실제로 한 번 보는 것보다 못하다. 이론도 중요하고 기초지식도 필요하지만, 본 리그의 치열한 현장을 느껴본다면 그 어떤 지식보다도 강한 자극이 될 것이다.

만약 배우를 꿈꾼다면 드라마, 영화, 연극 속의 주연이나 조연 배우가 되는 것도 중요하지만 때론 스태프나 관객이 되는 것도 필요하다. 연예인이라는 직업은 정해진 이론과 지식보다는 누구에게 어떠한 방식으로 현장을 익히느냐도 중요하기 때문이다.

실전을 한 번도 겪어보지 않은 소위 진짜 신인, 연예인 지망생들과 미팅을 해보면 대부분 비슷한 생각을 갖고 있다. '아직 기회가 없어서', '아직 준비가 부족해서', '아직은 내가 실전에 뛰어들 만큼 실력이 갖추어지지 않은 것 같아서' 모두가 꿈은 크고 간절히 원한다고 말하면서 정작 실전에 나서기를 주저한다.

처음부터 전문가로 시작하는 게 아니다. 어떠한 분야든 신입이 있고 신인이 있다는 걸 기억하자.

만약 당신이 지금 지인의 소개를 받아 어느 소속사의 실무진과 미팅하는 자리라고 가정하자. 실무자는 당신의 자신감을 보기 위해 많은 질문을 던질 것이다. 그리고 실무자가 대뜸 "자신감이 넘치니 실전에 나가보자. 지금 이 자리가 실전이고 내가 상대역의 배우라고 생각하고 당장 캐릭터 연기를 해보라"고 제안한다면 당신은 주저 없이 연기할 수 있겠는가?

필자의 경험으로 볼 때, 많은 신인들은 이런 제안을 받으면 "미리 준비한 게 없어서"라는 핑계로 당황하며 얼굴을 붉힌다.

자신의 열정을 말로만 표현하는 연예인 지망생은 무수히 많다. 어떠한 경우라도 그 열정을 현장에서 보여줄 수 있을 때 비로소 진짜 연예인 지망생이다.

영화 「범죄도시」에서 마동석은 주먹 한 방으로 사람을 녹다운 (knockdown)시키는 연기와 캐릭터를 위해 직접 형사들에게 자문을 구하고, 그들과 함께 현장을 체험했다고 한다.

더불어 현장에서 본 것과 같이 주먹 한 방에 범죄자를 쓰러뜨리는 무시무시한 형사의 모습을 표현하기 위해, 체중을 20킬로그램 늘리고 근육 키우는 운동을 했다고 한다. 그렇게 실제 눈으로 본 형사 모습과 경험 넉분에 영화 속에서 현실감 있는 캐릭터를 만들어낼 수 있었던 것이다.

이렇듯 이론과 지식, 상상력을 뛰어넘는 것이 바로 현장감이다. 표준어가 아닌 방언을 사용해야 할 때 실제로 그 방언을 쓰는 사람과 대화하며 언어를 체득하는 것이 가장 빠른 방법인 것처럼.

자신이 연예인 지망생이라서 현장을 경험하는 것이 불가능할 것이라는 편견은 버려라. 어떠한 경험이든 현장의 경험을 반드시 해보라고 권하고 싶다. 자신의 나이에 어울리는 다양한 경험을 주저하지 말고 도전하라. 그렇게 자신이 꿈꾸는 분야의 살아있는 현장을 찾아내고 그곳에 존재해보라.

이론만 가득한 머리와 열정만 가득한 가슴을 안고, 정작 즉석으로 현장에 투입됐을 때 기회를 잡지 못하는 바보가 아니기를 바란다. 내가 보고 느낀 다양한 현장에서의 경험은 나만의 것이다. 언제 어디서든 접하는 모든 경험을 소중히 느끼고 내 것으로 만들어라.

" 배우의 삶을 산다는 것은
쇠를 연마하는 것과 같다.
뜨겁게 불로 달구고
망치로 때려 모양을 만들고
차가운 물로 식혀 굳게 만드는 것을
수없이 반복하는 것이다.
각오해야만 한다. "

_배우 김민정

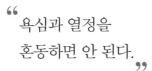

" 욕심과 열정을
혼동하면 안 된다. "

_배우 엄현경

★ 뮤지컬 「당신만이」 공연 모습 _배우 장혜리.

겨울이 깊을수록
화창한 봄이 온다

오랜 무명 시절을 보내더라도 자신의 자리에서 묵묵히 한 우물을 파서 성공하는 경우가 있다. 특히 공연 쪽에서 활동하는 배우들 중에 이런 경우가 많다. 연극, 뮤지컬 배우들은 대부분 스태프나 작은 단역, 조연 역할을 시작으로 밑바닥부터 경험을 쌓는데, 춥고 배고픈 공연 배우로 생활하면서도 연기의 끈을 놓지 못하는 이들이 많다.

그러다가 경쟁자들 속에서 공연의 주연을 맡고, 실력을 인정받아 스크린, 브라운관까지 활동 영역을 넓히는 배우들은 정말 대단한 에너지를 지녔다.

분야의 크기를 떠나 어느 한 분야에서 두각을 보이는 것은 쉬운 일이 아니다. 여기서 가장 필요한 것이 바로 인내심이다. 언제 다가올지 모를 기회를 믿고 기다리며 무명의 시간을 버텨왔기 때문에 대중 앞에 섰을 때 기쁨이 더 컸을 것이다.

꼭 이름이 알려진 배우, 인기 연예인만을 대단하다고 할 순 없다. 자신의 꿈을 위해 고통의 시간을 견디며 인내하는 배우들 모두가 대단하다. 그리고 그런 배우가 언젠가 빛을 보는 날이 오고 진짜 스타가 된다.

예를 들어, 평범한 이미지의 조연급 배우에서 드라마 「또! 오해영」, 「낭만닥터 김사부」, 「사랑의 온도」 등을 통해 주연급 배우로 거듭난 배우 서현진의 경우를 보자. 그녀는 걸그룹으로 데뷔했지만 자신의 끼와 맞지 않는 분야라는 것을 알게 됐고, 꿈을 포기하지 않고 배우로 전향해 자신만의 개성을 대중에 알리기 시작했다. 어느덧 30대가 된 그녀는 성실하게 연기하며 자신만의 필모그래피(filmography)를 쌓았다. 더불어 어떤 장르에서도 자신만의 색을 가진 배우가 됐다.

이처럼 처음부터 스타가 아니었어도, 개성과 연기력으로 성숙된 연기를 펼치며 빛나는 배우들로 자리를 잡아가는 이들이 늘고 있다.

어느 작품이나 주인공과 조연은 존재한다. 그리고 스태프와 작품을 만드는 여러 조력자들이 존재한다. 모두가 각자 맡은 역할에 최선을 다할 때 좋은 작품과 스타가 탄생한다. 인내의 시간만큼 실력은 성장할 것이다.

춥고 힘겨운 겨울을 보낸 뒤 맞이하는 봄은 더욱 따스하다. 지금 자신이 춥고 힘겨운 시간을 보낼지라도, 곧 다가올 봄을 기다리는 마음으로 스스로 갈고 닦음을 게을리하지 않기를 바란다.

★ 시상식 '대종상 영화제'의 모습.

모두의 마음을
사로잡아야 한다

스타가 되기 위해서는 당연히 이성에게 인기를 얻어야 한다고 생각한다. 학창 시절에도 외모나 성격, 개성이 강해 남들의 이목을 끄는 '끼'가 있다면 이성에게 인기가 많다. 더불어 이성에게 인기가 많은 경우 동성에게는 부러운 존재다. 그런데 여기서 재미난 질문을 하겠다. 그렇다면 연예인은 이성과 동성 중 누구에게 인기를 얻어야 할까?

필자는 오래전에 중학교 3학년이던 한 여학생을 만나서 가수로 데뷔시켰다. 그녀는 중학생이라고는 믿기지 않을 정도로 성숙하고 빼어난 미모를 소유하고 있었다. 누구든 눈길을 줄 수밖에 없는 매력적인 그녀는 바로 가수 박지윤이다.

필자는 박지윤을 신인가수로 트레이닝하며 어떤 다른 신인을 만났을 때보다 자신감이 넘쳤다. 그녀가 데뷔만 한다면 금방이라도 정상을 차지할 것이라는 믿음이 있었다. 되돌아보면 너무 들뜬 나머지 자만했던 것 같다. 결과적으로 박지윤은 데뷔와 함께 대중의 눈길을 끄는 데 성공했지만, 필자가 기대했던 만큼은 아니었다. 너무 기대가 컸던 탓에 필자는 당혹스러웠다. 당시엔 지금처럼 중·고등학생이 왕성한 연예 활동을 하기에 제약이 많았다. 하지만 배우를 꿈꾸던 박지윤이 성악을 공부했고 훌륭한 음악성을 가졌기 때문에 그녀의 재능이면 톱가수가 될 것이라 확신했다.

대중의 반응은 필자의 예상과 전혀 다른 방향으로 흘러갔다. 뛰어난 미모와 재능을 겸비했으니, "얼마나 예쁘고 잘하는지 어디 두고 보자"는 반응이 많았던 것이다. 대중의 동경보다는 질투의 대상이 됐다. 이례적으로 박지윤은 팬이 생기기도 전에 '안티 팬'이 먼저 생기기 시작했다. 이유 없이 질투하고 평가절하하는 안티 팬 때문에 활동에 어려움을 겪어야만 했다.

필자는 무엇이 문제인지, 어떻게 문제를 해결해야 할지 많은 고민에 휩싸였다. 그러던 중에 문득 순정만화를 떠올리게 됐다. 순정만화나 드라마를 보면 결국 주인공은 이성의 사랑과 동성의 동경을 동시에 얻는 것으로 결말이 난다. 결국 주인공이란 이성과 동성 모두에게 사랑받아야 하는 것이다.

이에 따라 여성 안티 팬을 팬으로 만들기 위한 방법이 필요했다. 여성들에게 이성적인 느낌을 주고, 동경의 대상이 될 수 있는 여지를 만드는 것이었다. 이후 박지윤의 이미지는 여성스럽고 귀여운 분위기에서 180도 다르게 중성적이면서도 보이시하게 바뀌었다.

독보적으로 타고난 아름다움을 부각하는 것이 대중과 동떨어진 느낌을 주었다면, 색다르고 멋진 매력을 어필해 그녀를 여성이 아닌 아티스트로 동경하게 만들었다. 더불어 홍보방법도 그녀의 미모보다는 가수로서의 재능과 실력을 알리는 데 중점을 두었다. 결국 대중의 마음은 움직였다. 중성적인 이미지였지만 여전히 아름다운 미모를 지닌 박지윤은 남성 팬과 여성 팬을 동시에 얻으며 일약 스타로 성장하게 됐다.

스타의 자리를 오랫동안 지키고 있는 배우나 가수들을 살펴보자. 그들은 일단 실력이 뛰어나고, 여성 팬과 남성 팬의 구분 없이 모두에게 인정받는다. 혹시 아직도 이성에게만 이름답고 멋져 보여야 한다는 고정관념을 시녔다면 당장 생각을 바꿔야 한다. 이성과 동성 모두 중요하다.

결국은 모두를 사로잡을 수 있는 자신만의 매력과 실력을 갖추어야 한다. 이렇게 모두를 아우르는 팬덤을 확보하면 결국 스타의 자리에 오르게 될 것이다.

Q 유명 배우들과 함께 일하시고, 신인 때부터 스타가 되는 과정을 지켜보셨는데요. 그럼 구체적으로 배우의 자질(어떤 분야의 일에 대한 능력이나 실력)은 무엇인가요?

A 기본적으로 배우의 자질은 어휘능력, 작품을 분석하는 이해력, 나보다 우리를 생각하는 친화력, 오직 인기와 돈만 바라지 않는 예술가적 장인 정신, 직업에 대한 자긍심, 연기와 작품에 대한 애정, 남의 인생을 대신하는 캐릭터에 대한 뛰어난 분석력과 표현력 등이다.

배우 황정민처럼 시상식에서 "차려준 밥상을 먹었다"라고 말하는 자세도 중요하다. 즉, 겸손하라는 말이다. 사실 외모는 뛰어나면 좋겠지만 굳이 미남, 미녀가 아니더라도 배우가 되는 데 문제가 되진 않는다. 그것보다는 외모와 잘 어울리는 목소리인지가 더 중요하다. 배우 중엔 성우 출신이 많은 편이고, 이왕에 같은 조건이라면 목소리가 좋은 사람이 유리하다.

Q 저는 노래하는 것도 좋아하고, 학원에서 작사, 작곡법을 조금 배우기도 했는데요. 가수가 되고 싶어서 준비 중입니다. 가수에게 필요한 능력은 무엇인가요?

A 우선 목소리가 좋고 음색이 특이하면서 매력 있으면 좋은 점수를 받는다. 반대로 음치거나 박자 개념이 없다면 그룹으로 활동한다고 하더라도 보컬은 힘들다. 아이돌을 꿈꾼다면 몸이 유연해서 춤을 잘 추는 게 필수 조건이지만

일반 가수에게도 어느 정도의 유연성은 필요하다. 활동을 하다 보면 다양한 장르를 해야 할 수도 있으므로 몸이 유연한 것이 좋다. 노래할 때 그 음악에 심취해 리듬감이나 멜로디의 감정을 잘 표현할 수 있기 때문이다.

요즘은 아이돌도 작사, 작곡, 편곡을 직접 하는 싱어송라이터(singer-songwriter)가 많다. 따라서 직접 창작을 하고 프로듀싱을 해낼 수 있다면 좋다. 또한, 무엇보다 감성이 중요하다. 감성이 풍부하면 가사와 멜로디가 지닌 느낌과 메시지를 잘 표현해 청자를 더욱 감동시킬 수 있다.

Ｑ 저는 친구들 사이에서 재미있고 말 잘하기로 유명합니다. 제가 하는 이야기에 사람들이 웃으면 너무 좋아서, 꿈도 개그맨 겸 MC를 하는 방송인이 되고 싶은데요. 이렇게 만능 방송인으로 활동한 사례는 언제부터 있었나요?

Ａ 방송인 혹은 희극인의 시초는 희극배우 혹은 코미디언이다. 그러다가 1980년대 접어들어 고영수, 전유성, 주병진 등이 개그맨이라는 용어를 쓰면서 코미디언에서 개그맨으로 호칭이 바뀌었다. 당시에는 개그맨과 전문 MC가 구분됐다. 가수 출신 임성훈, 코미디언 출신 송해, 허참, 그리고 배우 출신 이덕화 등이 1세대 전문 MC, 즉 방송인이다.

그러다가 개그맨 출신 MC가 늘기 시작했다. 김병조, 주병진, 이경규 등이 자리를 잡더니 1990년대 접어들어 이홍렬, 신동엽, 유재석, 남희석, 이휘재, 강호동, 김국진, 김용만 등이 본격적으로 개그맨 출신 MC 혹은 예능인의 시대를 열기 시작했다.

지금은 방송인이라는 표현을 많이 쓰고, 예능인이라고도 한다. 토크쇼 등 각종 예능 프로그램에 출연해 입담을 뽐내거나 프로그램을 진행하는 이들의 통칭이다. 그만큼 다재다능해 예능은 물론 영화나 드라마의 카메오로 맹활약하며, CF 모델로서도 주가를 올리고 있다.

배우 최민식은 사석에서 개그맨이 화제에 오르자 '존경하는', '만능 엔터테이너'라는 표현으로 그들을 극찬한 바 있다. 예능이든 정통 개그 프로그램이든 작가가 대본을 쓰지만, 개그맨들은 기본적으로 아이디어를 내고 대본의 상당 분량을 직접 만들어내는 능력을 지녔다. 그들은 참으로 다재다능하고 재치가 번뜩인다. 게다가 일상생활을 개그로 승화시키는 관찰력이 좋고, 어떤 무대에서도 즉흥적으로 관객과 호흡하고 소통할 수 있는 적응력을 갖췄다.

요즘 개그맨들은 더욱 영역을 확장하고 있다. 그들은 방송인, 예능인이란 새로운 패러다임을 열었고, 그 덕에 방송사 공채 아나운서들이 퇴사하고 예능인이 되는 길을 터줬다. 개그맨이 없었다면 전문 아나운서 출신의 방송인 김성주, 전현무, 오상진 등은 아직도 방송사에서 아나운서로 재직 중일 것이다.

Q 저는 대학에 와서 비로소 배우가 되려는 꿈을 꾸기 시작했습니다. 이미 또래 친구들은 연극영화과에 가거나 어려서부터 연기를 배운 사람들도 많은데요. 저처럼 다른 분야에 있었던 경우에는 어떤 연기학원을 다녀야 하나요?

A 사실 연예 관련 학교를 가기 위해 준비한다면 입시전문 연기학원을 찾아야 한다. 그게 아니라면 그래도 유명한 학원이 신뢰도가 높다. 단, 길거리 캐스팅으로 뽑혀서 학원에 다니는 것은 권하고 싶지 않다. 아마 과도한 학원비가 청구될 것이다.

다니고자 하는 연기학원이 대중문화예술기획업에 등록되어 있는지, 전문소속사가 연계된 학원인지를 따져본다. 필요하다면 일대일 개인 트레이닝도 추천한다. 단, 보호자와 꼼꼼히 검증한 후에 배우는 것이 좋다.

한편으로, 자신이 원하는 것이 연기 실력을 키우는 것이라면 굳이 학원이 아니더라도 TV, 영화, 연극무대 등을 자주 보며 연기와 친해지는 것이 더 중요하다. 학원이나 개인 트레이너의 경우, 보통 한 달에 몇 십만 원에서 100만 원 내외로 비용이 든다. 개인 트레이닝인지, 단체 트레이닝인지에 따라 차이가 날 수 있다. 저음부터 무작정 연기수업을 받는 것보다 스스로 테스트를 한 뒤 선택해도 늦지 않다.

먼저 작품 보는 안목을 키우자. 우선 소위 명작이라고 하는 고전 영화들을 두루 보면 좋다. 이해가 안 된다면 몇 번이고 반복해서 보고 주변 사람들의 조언도 구하라. 그리고 잘 만든 상업 영화와 시청률이 높게 나오는 드라마도 가능한 많이 보면 좋다. 그러면 이 작품이 왜 시청률이 높게 나왔는지, 저 배우는 어떻게 연기해서 인기를 얻었는지 감이 올 것이다.

다음엔 소재나 주제를 정하고 직접 촬영을 해본다. 요즘엔 스마트폰으로도 동영상 촬영이 가능하니 단 몇 분짜리 단편이라도 직접 찍어본다. 그걸 직접 분석해보고, 주변 사람에게도 평가를 받아본다. 여러 각도로 모니터링하면 나중에 자신이 어떻게 연기해야 할지 방향이 그려진다. 이런 1차 검증을 하고 연기학원에 등록해도 늦지 않다.

Q 연예인이 되고 싶어서 지방에서 대학을 서울로 온 학생입니다. 발음이 부정확하고 사투리가 심한데 고쳐야 하나요?

A 예전에는 정확한 발음과 호흡으로 표준어를 구사하는 것이 배우의 기본이었다. 하지만 지금은 꼭 그럴 필요가 없는 분위기다. 오히려 단점을 장점으로

만드는 것이 자연스럽고 개성 있다. 물론 기본기가 중요한 건 맞지만, 자신이 가장 잘하고 편하게 표현하는 것이 더 중요하다.

예를 들어, 배우 송강호, 김윤석, 조진웅 등은 경상도 방언을 자기 것으로 만들어서 대중이 자연스럽게 받아들이도록 했다. 고인이 된 배우 '김지영'은 팔도 방언을 잘 소화했다. 그 배우는 수년 동안 전국을 돌아다니면서 방언을 배워서 모든 방언을 소화할 수 있는 배우가 됐다. 그렇게 수십 년 동안 방언 전문가로 각인되어 훌륭한 배우로 활동하기도 했다.

발음이 부정확하거나 방언 때문에 고민하고 있다면 그것을 어떻게 잘 소화할 것인지를 고민하고 개성 있게 살릴 방법을 찾는 것이 좋다.

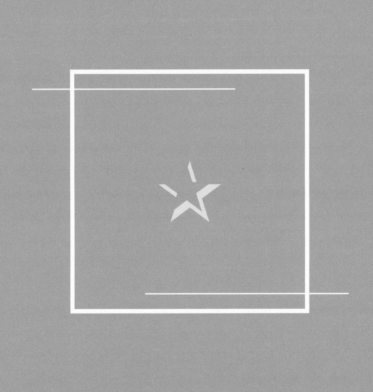

자신만의
것으로
승부하라

도전 편

라이벌을 만들고 선의의 경쟁에서 살아남아라

연예인이 되고자 마음을 먹고 누구를 라이벌이라고 생각한 적이 있는가? 동경해온 스타나 또래의 잘나가는 아이돌그룹을 떠올리는가?

아직 연예인 지망생인데 이미 스타가 된 사람을 라이벌이라고 하기는 힘들다. 지금은 자신의 위치에서 라이벌을 찾는 것이 더 현실적이다.

아직 데뷔도 못했는데 웬 라이벌? 천만에! 선입견은 버려라. 그 라이벌은 같은 소속사 내에도 있고, 경쟁 소속사에도 있으며, 지금 오디션을 함께 보는 사람 중에도 있다. 어느 환경에서나 라이벌은 만들 수 있다.

특히 가수, 배우는 수많은 경쟁 체제 속에서 자연스레 라이벌이 만들어진다. 나이, 외모, 분야, 특성, 장점, 단점 등 자신에 대한 객관적인 조건를 따져 라이벌을 생각해보자.

세상은 정글이다. 승자에게 우선권이 있는 건 당연한 진리다. 오디션에서 이겨야 그 배역을 따낸다. 영화사에서 새로운 청춘물 주인공으로 두 명의 신인, 그 중의 한 명은 자신이다. 자신을 물망에 올려놓고 저울질하고 있다면 어떻게든 그 치열한 경쟁에서 이겨야 한다.

만약 도저히 이길 수 없는 상대라서 도전하는 게 두렵거나 무의미하다고 느껴지는가? 하지만 연예인이 되면 원하든 원하지 않든 쉼 없이 경쟁해야 한다. 물론 무기는 있다. 실력, 인맥, 인성, 강한 멘탈 그리고 소속사의 비즈니스 능력이다. 아직 스타를 향해 갈 길이 먼 연예인 지망생이라면 앞만 보고 돌진해야 한다.

이때 생긴 상처는 아물게 되어 있다. 오늘의 상처는 내일까지만 아프고 모레부턴 더 단단하게 아물어 무기가 될 것이다. 그렇게 승리하게 된다면 어제까지 '라이벌'이었던 그를 이젠 친구로 만들어라. 물론 상대방이 이긴다면 진심으로 축하해준다.

이런 선의의 경쟁을 반복하며, 또다시 조금 더 높은 곳의 라이벌을 설정하고 끊임없이 경쟁하라. 라이벌을 도발해서 싸움을 걸고, 몇 번이고 진 뒤에 결국 꼭 이겨야 한다. 그렇게 라이벌이 있고 라이벌이 늘면 친구도 늘어갈 것이다.

연예계의 라이벌 경쟁은 제로섬(zero-sum, 이익이 일정해 한쪽이 이익을 보면 다른 쪽이 손해를 봄) 게임이 아니라 서로 공존하는 순위 다툼이다. 승부에서 졌더라도 친구이자 동반자가 된다. 한 작품에 주인공만 있겠는가? 조연과 보조출연자 및 단역까지 있어야 작품이 완성된다. 이들은 서브주연이나 조연으로 주연을 보조해줘야 할 꼭 필요한 존재다.

스타에게는 대부분 라이벌이 존재한다. 연예계에서 피곤하면서도 가장 즐기고 오래 사용하는 마케팅기법이 바로 라이벌 마케팅이다.

SM엔터테인먼트와 DSP미디어는 매니저 1세대로 알려진 이수만(SM) 선배와 고(故) 이호연(DSP) 선배가 전형적인 라이벌 마케팅으로 상호 시너지효과를 낸 경우다. 먼저 SM에서 HOT를 데뷔시키자 곧바로 DSP가 젝스키스를 내보내며 라이벌 구도를 형성했다. 다시 SM이 SES를 출격시키자 DSP는 핑클로 맞대응했다. 그 이후에도 소녀시대와 카라의 라이벌 구도가 지속되어 선의의 경쟁이 가능했다.

이렇게 상호 원원하는 효과를 거둔 라이벌 구도는 연예계에서 흔히 볼 수 있다. 대표적으로 김건모와 신승훈, 소녀시대와 원더걸스 등이 있다. 그들이 라이벌이라고 대중이 인식하게 되면, 대중은 한 팀을 볼 때 상대 팀도 보게 되는 효과가 있다.

어느 쪽이 꼭 정답은 아니므로 라이벌은 비슷한 듯 다른 느낌으로 각자의 매력을 어필하며 함께 성장한다. 그렇게 성장한 그룹은 신화를 비롯해 동방신기, 슈퍼주니어, 빅뱅, 2PM, 엑소, 방탄소년단, 원더걸스, 걸스데이, 씨스타, 에이핑크, 레드벨벳, 트와이스 등이 있다. 이러한 스타 아이돌그룹과 걸그룹은 각자의 라이벌과 경쟁하고 그 속에서 독특한 자신들만의 매력을 구축했기 때문에 더 큰 성장을 이룰 수 있었다.

스마트폰을 예로 들면, 갤럭시 시리즈와 아이폰 시리즈의 양자대결 구도는 늘 소비자에게 비교 대상이다. 이러한 라이벌 관계가 형성되어 서로 경쟁했기 때문에, 대중은 더 뛰어난 성능을 가진 스마트폰을 놓고 선택할 기회를 얻게 됐다. 스타의 라이벌 구도도 이처럼 경쟁의 선순환이 필요한 분야다.

드라마 「상속자들」에서는 이민호와 김우빈을 교내 라이벌 겸 연적으로 설정했다. 이들은 동시에 여주인공에게 매력을 어필했고 시청자들의 공감을 사며 스타로 자리매김했다. 이 드라마로 '스타덤'에 오른 김우빈은 이종석과 절친이라고 해서 시너지 효과를 얻었다. 결국 이 세 배우는 의도했건 그렇지 않았건 자연스레 동반성장할 수 있었다.

그들이 트로이카를 형성함으로써 제작자들은 행복한 고민에 빠졌고, 그로 인해 세 명의 몸값이 급상승했으며, 한류 열풍에 기름을 통째로 들이붓는 부가가치가 창출됐다.

경쟁은 살아가는 모든 생명체들이 필수적으로 겪어내야 하는 생존의 방식이자 함께 화합할 수 있는 기회의 장이다. 만약 자신이 도전을 받고 있다면, 이미 어느 정도 남들이 바라볼 수 있는 위치에 올라섰다는 증거다. 그리고 아직도 도전할 목표를 세워야 한다면 가야 할 길이 멀다고 깨달으면 된다.

주위를 둘러보라! 어디든 자신만의 라이벌은 존재한다. 크고 작든 나와 비슷한 역량을 가진 존재는 어디에나 있다. 경쟁을 즐기고 도전을 일상화하자. 라이벌은 결국 내 친구다. 라이벌이라는 인연은 곧 새로운 도전이다.

"
매순간 에너지를
쏟아부어라.
언제 어디서 기회가
주어질지 모른다."

_배우 송옥숙

"
신인 배우로서
처음 가졌던
초심과 절실함이
변치 않아야 한다.
성실하게 임하라."

_배우 최수종

강한 자가 살아남는 게 아니라
오래 남는 자가 강하다

42.195킬로미터는 올림픽 마라톤 풀코스 길이다. 그런데 아무리 뛰어난 선수라도 전 구간 내내 전력질주하지 않는다. 선수의 스타일과 체력에 따라 다르긴 하겠지만, 대부분 스타트 구간에선 힘을 아끼고 페이스를 조절하는 데 열중한다. 그리곤 결승점을 가까이 앞둔 저마다의 지점에서 막판 힘내기를 시작한다.

결국 "강한 자가 살아남는 게 아니라 오래 버티는 자가 강한 승리자"다. 류승완 감독이 연출하고 직접 주연까지 맡은 영화 「짝패」에서 악역을 맡은 이범수가 한 유명한 대사이기도 하다.

이 말을 가만히 음미해보자. 어떻게 하면 지속적으로 생명력을 유지하고, 어느 순간에 막판 힘내기를 해서 정상의 자리에 오를 것인가에 대한 것이다. 즉, 달리는 내내 온몸을 불사르는 것도 중요하지만, 나설 때 나서고 물러설 때 물러설 줄 아는 게 더 중요하다는 뜻이다.

연예인 지망생은 혈기와 열정을 주체할 수 없을 정도로 의욕이 넘친다. 어떤 역할이라도 주어지기만 한다면 잘할 수 있을 것 같고, 난이도가 높은 액션신도 슈퍼맨처럼 소화할 수 있을 것 같다. 이제 걸음마 단계인데 벌써 뛰려고 한다. 아니 날려고 한다.

하지만 그렇다고 자신이 스파이더맨처럼 슈퍼 거미에게 물릴 가능성은 없다. 고교 때의 짝꿍보다 훨씬 빨리 스타가 될 순 있겠지만, 배우 김고은처럼 「도깨비」를 빨리 만날 가능성은 그리 높지 않다.

많은 사람들이 과정을 무시하고 오로지 결과에만 매달리는 경향이 있다. 하지만 과정이 없는 결과는 없다. 웜홀을 통해 순식간에 행성 간을 이동하는 양자역학은 영화 「인터스텔라」에나 있는 것이다. 사실 그 영화 주인공인 '매튜 맥커너히'나 '앤 해서웨이' 역시 장기 레이스를 펼치며 스타덤에 올랐고, 지금도 레이스 중이다. 과정이 결과를 완성한다.

「인터스텔라」의 주인공들은 개인적인 목표의 동상이몽으로 인해 우주 공간에서 수십 년의 세월을 허무하게 잃는다. 결국 속성은 없다는 교훈을 얻을 수 있다.

이제 막 출발선을 넘어섰다면 지나치게 느리지도, 그렇다고 숨이 찰 만큼 빠르게 달려서도 안 된다. 중간 페이스로 성실하게 최선을 다해야 한다.

물론 타고난 미남인 장동건, 정우성, 조인성 등은 데뷔할 때부터 스타였다. 처음부터 이들은 대중의 관심을 한몸에 받은 행운아들이다. 타고난 외모와 신체조건이 월등히 높은 단 1퍼센트의 소유자들. 하지만 타고난 자는 겨우 1퍼센트뿐이니 안심하자.

중국 고사성어에 '조삼모사(朝三暮四)'란 말이 있다. 송나라에 원숭이를 좋아하는 저공이란 사람이 원숭이에게 도토리를 아침에 3개, 저녁에 4개 주겠다고 하자 원숭이들이 반발했다. 그래서 정책을 바꿔, 아침에 4개, 저녁에 3개 주겠다고 하자 원숭이들이 환호했다는 얘기다.

너무 욕심 내지 말고, 지금은 3개만 먹자. 왜? 배(마음)를 비우고 장기 레이스를 펼치다 보면 언젠가는 4개를 먹을 수 있을 테니까. 지금 당장 4개를 먹고 힘이 넘친다고 열심히 뛰어봤자, 어차피 지쳐서 결승점에서 3개는커녕 2개도 못 먹을지도 모른다.

" 인생 드라마의 주인공은
바로 당신입니다!
절실함으로 당신만의
드라마를 만들어보세요! "

_배우 한상진

" 끊임없이 자전거를 타라.
어떤 찬스가 와도
내가 제로면
아무런 의미가 없다. "

_배우 서지석

오르막이 있으면
반드시 내리막도 있다

필자는 무명에서 갑자기 스타가 된 이들도 많이 봐왔고, 스타의 자리에서 순식간에 추락하는 이들도 많이 봐왔다. 그런데 그런 굴곡의 삶이 스타들에게만 적용되는 건 아니다. 연예계 종사자는 이 흐름의 폭과 기간이 매우 불규칙하고 빠르게 변한다. 오랜 기간 함께 일한 어느 선배 영화제작자의 사례를 보자.

그는 수십 편의 영화투자를 유치하고, 세계적인 영화제에서 상도 받았을 정도로 영화계에서는 그야말로 신화적인 인물이다. 주변에 힘든 사람들에게는 큰 도움도 줬는데, 필자 역시 그에게 도움을 받은 사람 중 한 명이다. 그런 제작자가 갑자기 정상에서 허무하게 내려오기까지는 불과 몇 년의 시간이 걸리지 않았다.

그러던 어느 날 재기를 준비하던 그를 다시 만났다. 개척교회에서 작은 창작뮤지컬 히니를 무대에 올리니 한번 봐달라는 것이었나. 수십, 수백억 원짜리 영화를 제작하고 투자하던 사람이 자그마한 개척교회에서 교인들이 모은 200만 원으로 소규모 창작뮤지컬을 제작한다는 게 처음엔 충격이었다.

하지만 이내 그가 대단하다고 느껴졌다. 작은 작품이지만 엄청난 열정과 용솟음치는 에너지를 느꼈다. 그리고, 그 공연을 발판으로 삼아 대형 뮤지컬과 영화를 제작할 거라는 그의 설명에 감동받았다.

그는 한때 한국 영화계에 한 획을 그었던 큰 산과 같은 사람이었는데, 다시 처음부터 차근차근 시작하려고 준비 중이었다. 그가 아마추어들과 함께 어울려 무대를 진두지휘하는 모습을 숨죽이며 지켜봤다. 공연이 끝나자 그의 재기를 진심으로 기다리던 많은 이들이 일어나 기립박수를 쳤다.

누구나 정상에 선 후엔 내려오기 마련인데 어디까지 내려가는 것이 순리에 맞을까? 아예 밑바닥까지 떨어져야 비로소 마음을 비우고 마음 편히 올라갈 수 있겠구나 싶기도 했다.

한편으로, 1등을 하던 사람은 다시 1등을 할 수 있을 것이다. 이미 가본 길이니까. 그래서 그 선배가 다시 정상으로 올라갈 것이라 믿는다. "시작은 미약했으나 끝은 창대하리라"고 말하며 웃던 그는 어제도 달렸고, 오늘도 달리며, 내일도 변함없이 달릴 것이다.

지금 자신의 모습을 잘 기억하자. 언젠가 자신이 스타덤에 올랐을 때 힘들었던 지망생 시절을 떠올려라. 늘 이런 생각을 하고 행동한다면 쉽게 추락하지 않을 것이다. 하지만 산에 오르면 반드시 내려가기 마련이듯, 절정의 인기를 누렸다면 언젠가는 그 인기가 시들거나 한순간에 모든 걸 잃을 수도 있다.

그때가 중요하다. 이대로 주저앉을 것인가, 예전의 절반 수준이 되더라도 낮은 자세로 명예를 회복할 것인가를 선택해야 한다.

첫 번째 선택이라면 자신에게 그동안 수고했다고 말하자. 하지만 두 번째 선택이라면 예전만큼 큰 작품의 주인공 제안이 아니더라도 공백 없이 조연이라도 꾸준히 들어올 수 있게 겸손해져야 한다. 겸손한 태도로 성실하게 연예인 생활을 하다 보면 언젠가 할아버지 혹은 할머니 배우로 정상에 오를 날을 맞을 수도 있다.

연예인 지망생에게는 아직 먼 훗날의 고민처럼 들릴 것이다. 하지만 지금 힘든 상황을 생생히 기억하고 더욱 노력하길 바라는 마음에서 하는 말이다. 초심으로 돌아가서 올라가는 걸 어려워하지 말고, 내려가는 걸 두려워하지 말자. 그리고 절망에 발목 잡히지 말자.

" 아마 모든 걸
다 잘할 수는 없을 것이다.
그래도 걱정할 필요 없다.
하고 싶은 것만 해도
행복하니까. "

_배우 전석호

" 성취감을 얻고 싶어 하는
마음을 가지기 전에,
자기 자신에 대한
확신을 가지지 못하면
성공할 수 없다. "

_배우 김서형

" 노력은 거짓말하지 않는다.
나 자신에게
한계를 정하지 마라. "

_배우 김민주

" 연예인이 되는 길은
결과만 생각하고 달리면 쉽게 지치고
자기 자신을 책망하는 일도 생겨요.
그래서 결과보다는 현재 상황에
기쁨과 행복을 느끼면서 뛰지 말고
천천히 오래 걸어가야 하는 길이죠.
그렇게 서서히 예쁘게
익어갔으면 좋겠습니다.
저도 깊이 있는 배우가 되기 위해서
계속 노력할 거예요. 이 글을 보신
분들과 언젠가 함께 연기할 날이 오면
좋겠습니다. 파이팅! "

_배우 김연서

아마추어와
프로의 차이

연예계에서 아마추어와 프로의 차이는 무엇일까?

연예인이 되기 위한 기초적인 교육이 필요하다면 아직 아마추어다. 연예인 지망생은 일반적으로 학력을 인정받는 정규학교나 사교육 시스템, 즉 아카데미 같은 곳에서 교육을 받는다. 물론 개인지도를 받는 경우도 있다. 이렇게 자신의 꿈을 위해 공부하고 데뷔 전에 준비하는 단계가 아마추어다.

관련 대학이나 전문 학원에 다닌다고 프로로 바로 입문하는 것이 아니다. 프로가 되기 위해 기초 실력을 갈고 닦는 과정에 있다면 아마추어일 뿐이다.

반면에, 어느 분야를 막론하고 프로는 자신의 가치를 인정받아 값어치가 매겨지는 사람을 말한다. 프로의 가치와 인기가 점점 더 높아져 최상의 경지에 오른다면 프로 중에서도 가장 빛나는 스타, 즉 '슈퍼스타'가 된다.

프로는 가수로 따지면 공식적인 음반을 발표한 적이 있는 사람이고, 배우로 따지면 엑스트라가 아니라 최소한 대사 한 마디쯤은 하며 작품에 출연한 경력이 있는 사람을 의미한다. 하지만 요즘은 연습생 제도가 정착하면서 프로의 영역이 조금 확장됐다.

2015년부터 시행 중인 '대중문화예술산업발전법'에 따르면 연습생도 대중문화예술인의 범주에 포함된다. 즉, 그들은 이미 프로다. 일부 대형 소속사도 전속과 소속이란 수식어를 붙여 연예인으로 분류하기도 한다. 하지만 엄밀히 말해 연습생은 아마추어에서 프로로 넘어가는 중간 단계인 '세미 프로'라고 할 수 있다.

아마추어, 즉 연예인을 꿈꾸거나 관련 대학이나 아카데미에서 수강 중인 이들은 아직 다른 길을 찾을 수 있는 기회가 있다. 그러나 그 과정을 거쳐 연습생 혹은 신인 연예인이라는 명칭을 획득했다면, 이젠 프로 혹은 세미 프로다. 결국 자신의 연예 활동으로 대가를 받는 프로란 의미다.

연습생은 아직 출연료나 가창료를 받진 못하지만 소속사에서 상황에 따라 현실적인 지원을 받는다. 학생은 돈을 내고 배우지만, 연습생은 시스템을 지원 받고 배울 수 있다. 그게 프로라는 증거다. 만약 연습생의 위치에서 자신을 프로가 아닌 아마추어라고 생각한다면 부족한 자신을 합리화시키는 핑계일 뿐이다.

그럼 '프로 정신'은 무엇일까?

'프로 정신'이란 아주 기초적인 직업관이자 정신 무장이다. 연예인이 됐으니 연예계에서 성패를 가르겠다는 투철한 정신이다. 또한 아주 작은 단역이라도 주연 배우 못지않은 열정과 성실함으로 임무를 해내겠다는 책임감이다. 자신은 대가를 받고 연기하는 사람이니 실망시키지 않고 성실하게 일에 매진하는 사람이 되는 게 '프로 정신'이다.

대중은 연예인의 값어치를 올리거나 깎는 데 결정적인 역할을 하는 사람들이다. 따라서 대중을 가장 소중하게 여겨야 한다. 그들 앞에서 항상 겸손하고 예의바르게 행동해야 한다. 여기부터 프로 정신이 시작된다. 열심히 활동하는 건 당연하고, 잘하는 것 역시 당연하다. 그리고 '그 사람이 하면 뭔가 달라도 다르다'는 스타성을 보여주면 꾸준히 사랑받을 수 있다.

배우 송혜교는 일본 전범 기업의 CF 출연 제의를 거부했고, 가수 이효리는 2012년부터 상업광고에 출연을 거부하고 있다. 자신이 출연하는 방송에 제작진이 받아오는 PPL에 대해선 간섭하지 않지만, 사실상 관여할 수는 없다. 개인적으로 제안이 들어오는 광고성 협찬은 받지 않는다.

또한, 그녀들을 포함해 수많은 스타들은 불우한 사람들을 위해 큰돈을 기부하거나 현장에서 봉사활동을 펼치기도 한다.

사실 스타는 처음부터 특별한 사람이 아니다. 연예계에 데뷔해 타고난 능력과 남다른 노력으로 대중의 마음을 사로잡아 '스타'의 자리에 오른 것이다. 하지만 스타가 되면 자신이 특별하다고 생각하고 각별하게 행동할 필요는 있다.

그건 부도덕과 불법을 거듭하는 말썽 많은 연예인들이 가진 특권의식이란 잘못된 착각과는 완전히 다른 것이다. 프로는 자신의 이름을 상품 가치로 내걸고 일하는 사람이므로 말 한 마디, 행동 하나에도 신중에 신중을 기해야 한다.

 연예인을 '공인'이라고도 하는 이유는 무엇인가요?

연예인(대중문화예술인)은 개인의 직업이기도 하지만 사회적으로 큰 영향을 주는 직업이다. 그래서 사회에서 인지도가 높은 연예인을 '공인'이라고도 한다. 때문에 대중의 입에 오르내릴 수 있고, 사생활이 노출될 수도 있으며, 일반인과 달리 더 엄격한 윤리와 도덕의 잣대를 적용받는다.

'공인'은 아주 개인적인 부분을 제외하고는 국민에게 많은 정보가 노출된다. 따라서 연예인은 자신의 말에 책임을 지고 항상 행동에 신중해야 한다.

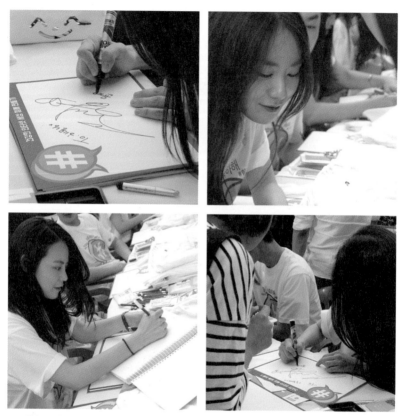

★ 배우들의 '건강한 인터넷 세상 함께 만들기' 캠페인 참여 모습.

실패를 거듭할수록 성공에 가까워진다

누구나 실패에 대한 두려움을 갖고 있다. 하지만 어떤 사람은 두려움을 극복하고, 어떤 사람은 두려움 앞에서 좌절한다. 성공한 사람들이 공통으로 하는 조언이 있다. 바로 '실패 앞에서 좌절하는 것이야말로 진짜 실패'라는 것이다. 실패를 두려워하지 말고 도전하라.

세상에 실패를 경험하지 않은 사람은 없다. 그렇다면 '실패는 성공의 어머니'라는 뻔한 말보다 두려움을 이겨낼 수 있는 방법을 찾아보자.

실패의 순간은 인생의 전체를 볼 때 그저 하나의 에피소드에 불과하다는 마음을 갖기 바란다. 실패를 딛고 일어설 수 있는 용기가 결국 자신의 꿈으로 안내한다. 실패라는 과정을 거치지 않고 자신의 진짜 부족한 점을 알기란 쉽지 않다. 내가 옳다고 믿은 방법으로 도전하고 실행했지만 결국 실패했다면, 다시 재정비할 수 있는 기회가 주어진다. 그렇기 때문에 실패는 또 다른 시작이다.

최근 몇 년 동안 유행처럼 만들어지고 있는 다양한 오디션 프로그램을 살펴보자. 오디션에 도전하는 꿈나무들에게 그 오디션이 첫 도전인 경우가 많았던가? 숱한 실패를 반복하면서도 또다시 도전하는 지망생들이 대부분이다.

이처럼 우리는 단 한 번의 성공을 위해 끊임없이 도전한다. 다시 말해, 꿈이란 도전이라는 말과 같다.

꿈을 꾸는 순간은 언제나 도전해야 한다. 내 인생을 모두 걸 수 있는 꿈, 바로 그 꿈을 이루고자 하는데 고작 작은 실패 몇 번에 좌절한다면 그건 진짜 꿈이 아니다.

모두가 겪는 그 실패를 오늘도 즐겁게 받아들이고 도전하자. 실패의 경험이 쌓일수록 목표와 가까워지게 된다. 실패를 이겨낸 자만이 성공과 만날 수 있는 자격을 얻는다.

대역배우, 엑스트라, 스턴트맨, 씬 스틸러는 어떻게 다른가요?

- **대역 배우(stand-in)** : 극 중에서 배우를 대신해 연기하거나 설정상 그려 지는 인물이다. 촬영 전에 조명이나 촬영 위치를 조절하기 위해 배우 대신 정해진 위치에 서 있는 사람을 가리키기도 한다.
- **엑스트라(extra)** : 단역이나 조역. 연극이나 영화 등에서 (대사 없이) 비중이 크지 않은 역할을 말한다.
- **스턴트맨(stunt man)** : 영화나 드라마에서 위험한 장면을 찍을 때 배우를 대신해 연기하는 사람이다.
- **씬 스틸러(scene stealer)** : 뛰어난 연기력으로 주연보다 주목받는 조연 배 우를 말한다.

이들은 전문 직업으로 따로 분류할 수 있는데, 각 분야에서 최고가 되어 성 공하는 경우도 많다.

" 걸어갔다면 걸어간
만큼 이득이다.
내가 해온 모든 것들은
나에게 길을 열어줄 것이다.
두려워 말자. 무언가를 해야
할 때는 내가 결정하는 것이다. "

_배우 박수연

" 첫 연극 무대에
오르기 전 늘 주문처럼
외우던 말이 있다.
처음처럼 신선하게,
마지막처럼 완숙하게. "

_배우 심이영

실제 대학의
오디션 사례

필자는 면접이나 오디션을 통해 연예인 지망생과 신인을 만나는 경우가 많다. 지인을 통해 일대일 미팅을 할 때도 있다. 그리고 가끔은 대학교 엔터테인먼트학과 학생들을 상대로 신인 오디션을 진행한다.

그럴 때마다 필자는 다음 질문(자기소개, 지정연기, 자유연기, 질문 및 면접)에 따라 오디션을 진행한다. 다음은 한 대학에서 진행한 실제 오디션 사례다.

첫째. 자기소개

자기소개는 1분 이내의 짧은 시간 동안 자신을 얼마나 잘 어필하는지가 중요하다. 첫 관문이라 제일 긴장을 많이 한다.

누구나 그렇듯 첫 대면이 얼마나 어려운가! 특히 심사 보는 사람과 오디션을 보는 사람의 입장은 크게 다르다.

오디션 경험이 많거나 말을 잘해서 자기소개를 잘하는 학생은 일단 연예인이 되기에 유리한 외향적인 성격을 갖추었다. 말을 잘 못하더라도 '끼'가 넘치고 순간적인 재치가 뛰어나다면 1분은 매우 짧다. 이에 반해 30초를 넘기지 못하는 경우도 많다. 자기소개를 길게 잘하는 이가 반드시 스타가 될 가능성이 높다고 말할 수는 없지만 아무래도 유리하다.

필자는 심사하는 입장에서 자기소개를 통해 그들이 자라온 환경부터 성격, 의지, 인성, 멘탈 등 여러 면모를 읽을 수 있었다.

연기력만큼이나 중요한 것들인데 훌륭한 조건을 갖추고도 잘 표현하지 못한다면 시작부터 실패다. 배우는 평생 대사를 해야 하는데 겨우 1분 동안 자신을 소개하는 게 힘들다면 곤란하다.

둘째. 지정연기

지정연기는 오디션 주최측에서 준비한다. 특정 작품을 정해줬다면 대부분 그 작품에서 대사를 뽑아서 진행하고, 그렇지 않은 경우에는 원하는 외모나 캐릭터에 중심을 둔 대본을 준비해 진행한다. 필자의 경우에는 다양한 표현력이나 캐릭터가 잘 보이는 작품 위주로 지정연기를 정한다. 지정연기의 목적인 아주 기초적인 기본기를 보기 위해서다.

구체적으로 발성, 호흡, 몸짓, 행위 등을 보게 된다. 여기까지만 해도 필자를 비롯한 심사위원들이 응시자에게서 가능성과 불가능성을 대부분 판단할 수 있다. 각 학교마다 가르치는 선생들의 깜냥과 성향 등이 천차만별이지만, 관계자들이라면 그런 흐름은 꿰고 있기 때문이다.

셋째. 자유연기

대부분의 학생들은 좋아하는 작품의 명대사나 표현하기 좋은 명대사들을 찾는 경향이 짙다. 여기서 잘하는 학생, 준비가 잘 되어 있는 학생, 기본기가 있는 학생 등 분별이 가능하다. 많은 점수를 받으려면 창의력, 관찰력이 잘 보이는 내용을 준비하는 것이 좋다. 즉, 다른 이들과 다르게 준비하는 것이다. 거의 엇비슷한 유명 스티들의 연기를 준비하는 것이 좋은 것은 아니다.

필자는 여기에서 즉흥 자유연기를 주문한다. 당황하는 학생들이 거의 대부분이다. 하지만 즉흥연기에서 필자가 놀라는 경우도 있다. 단지 누구에게 서운했거나 고마운 사람에게 말하지 못했던 내용을 즉흥적으로 표현해보라고 주문했는데, 감성이 폭발하는 학생들이 많아 놀란 적이 있다.

대부분의 학생들이 아주 솔직하게 진짜 상대방에게 말하듯이 연기했다. 누구나 어떤 대상을 상대로 하고 싶은 말을 하지 못했던 사연이 있을 것이다. 그 상대는 부모, 형제, 연인, 친구인 경우가 많다. 그래서 자유연기를 요청했을 때 부모에게 감사한 것부터 잘못한 것에 대해 말한다.

그런데 시작부터 펑펑 우는 학생이 있었는데, 하늘나라에 계신 부모에게 말하는 경우였다. 또한, 연예인을 희망하는 것을 반대하는 부모에게 잘하겠다고 말하는 이도 있었다.

한 학생은 감성이 풍부해져서 마치 눈앞에 상대방이 있는 것처럼 자연스럽게 연기했다. 너무 잘해서 필자의 눈에도 눈물이 고였다. 자유연기를 함께 보던 학생들도 놀라는 것 같았다. 처음 만난 심사자 앞에서 아주 오래 묵혀 놓았던 말을 감정을 담아 쏟아내다니 놀라웠다. 이처럼 연기는 가슴속에서 나오는 게 가장 감동적이다.

넷째, 질문 및 면접

마지막으로 면접 보는 시간이다. 대부분 연예인 지망생의 질문은 "소속사는 어떤 회사가 좋은가?", "연기는 어떻게 하는 게 좋은가?", "자신의 연기는 어떤가?", "가능성은 얼마나 있을까?" 등이다.

아마추어에서 프로로 가기 위해 거쳐야 되는 것이 오디션이다. 누군가에게는 첫 번째 오디션이었을 것이다. 그들의 열정에 마음이 따뜻하고 뿌듯해졌다. 서로에게 좋은 경험이었다. 이렇게 경험이란 건 처음도 그 다음도 모두 소중하다.

그들이 보여줬던 연기에 대한 열정과 끼, 그리고 좋은 감성을 더욱 발전시켜 훌륭한 연예인이 되길 진심으로 바란다.

★ 오디션 진행 모습의 예.

Q 연기학원을 다니며 배우의 꿈을 키우고 있는 대학생입니다. 곧 제작될 영화 오디션이 있는데요. 일반적으로 작품 오디션은 어떻게 보는지 궁금합니다.

A 가장 먼저 나에게 어울리는 영화이거나 역할인지 확인한다

오디션 기회가 왔을 때 무조건 "시켜만 주신다면 정말 열심히 하겠다"라고 말하는 신인 배우들이 많다. 신인으로서 좋은 자세지만 어떤 경우에는 그런 선택이 평생 발목을 잡는다.

최악의 경우에는 아주 긴 세월 단역배우로 전전할 수도 있다. 만약 늙을 때까지 단역으로 조용하게 지내겠다는 생각이 아니라면 작품과 배역을 고를 때 신중하자.

먼저 도전할 작품에서 감독, 작가, 상대역, 제작사, 배급사, 편성 방송사 등을 봐야 한다. 어느 시기에 개봉(방송)되는지도 고려한다. 그리고, 자신의 개성과 장단점을 고려해 도전할 배역을 정한다.

마음을 정했다면, 프로필 사진과 동영상을 준비한다

누구나 멋있게 보이고 싶겠지만 자신이 잘하는 것부터 준비하는 게 좋다. 외모인지, 캐릭터인지 그에 맞춰 준비한다. 모든 사람은 왼쪽 얼굴 모습과 오른쪽 얼굴 모습이 다르다. 친구들과 스마트폰으로 양쪽을 분할해서 촬영해본 뒤 더 멋있는 쪽으로 프로필 사진을 준비한다.

이때 사진과 동영상을 촬영하는 게 부담스러울 것이다. 평소 친구들과 사진

을 찍을 때는 자연스럽지만, 프로필 촬영은 아무래도 얼굴과 몸에 힘이 들어가기 마련이다. 하지만 자연스러운 게 가장 좋다. 앞으로 연기할 때도 마찬가지지만 억지로 만든 설정은 하지 않는다. 그냥 느낌이 가는 대로 표정을 짓고 손동작이나 자세를 잡자.

자신이 인상 깊게 본 영화나 드라마 속 주인공을 흉내 내보는 것도 괜찮다. 그러나 여기서도 자연스러움과 나다움은 굉장히 중요하다. 「별에서 온 그대」의 김수현이나 전지현을 따라하겠다고 해서 그들의 표정과 말투를 그대로 따라하는 건 바람직하지 않다. 자신이 감독이고 작가라는 상상을 하고 '나라면 이렇게 연기를 시키겠다'라고 생각하고 해보자.

또한, 오디션 보는 작품을 잘 이해한다

신인들은 경험이 부족하면 지정대사나 자유대사를 준비할 때 달달 외우는 경우가 많다. 그래서 대사나 연기에 '영혼'이 담기지 않는다. 역할을 준비할 때는 내 대사만 보지 말고 시나리오(대본)를 통째로 읽어서 그 작품의 전체 흐름을 파악한다. 그래야 대사를 어떤 식으로 소화해낼지 대충 그림이 그려진다. 자신의 배역이 주인공을 받쳐주는 것인지, 작품을 이끌어가는 것인지 등의 역할이 보이는 것이다.

대사를 잘 소화하면서 감정을 담는다면 완벽하겠지만, 세상에 완벽한 사람이 어디 있을까? 베테랑 배우도 대사를 까먹는가 하면 애드리브로 처리하기도 한다. 하물며 지망생은 말할 것도 없다. 당연히 대사가 잘 생각나지 않을 것이다. 하지만 작품을 이해하고 역할과 임무를 정확하게 파악했다면, 설령 정해진 대사를 잊었을지라도 적당한 애드리브로 위기를 모면할 수 있다.

이제, 오디션을 보러 간다

프로필 촬영이 시험 준비였다면 오디션은 그것을 평가하는 시험이다. 떨어지면 끝이다. 어떤 특정 소속사나 작품에 대한 오디션이라면 다시는 그 소속사나 그 작품에 합류할 수 없다. 물론 경험이 없어서 당연히 떨리고 부자연스러울 것이다.

이때 요령은 딱 두 가지다. 다른 건 생각할 필요 없이 무조건 열심히 연습하라. 자다가도 똑같이 잠꼬대를 할 정도로 대사와 표정과 행동을 몸에 완전히 숙지하라. 그 다음엔 자연스러움이다. 누가 봐도 자신의 몸에 완전히 밴 것이라는 생각이 들게끔 자신감을 갖고 자연스럽게 즐기듯이 말하고 행동하라.

떨어지고 후회할 것인가? 무조건 붙어야 한다. 하지만 그렇게 부담을 가지면 혀가 굳고 몸이 떨린다. 이때는 당연히 붙는다는 자신감을 갖고 즐긴다. '이렇게 했다면 더 자연스러웠을 텐데'라는 후회가 생기지 않도록 최대한 즐겨라. 그게 합격과 직결된다.

Q 소속사의 대표로서 회사의 신인 배우를 뽑을 때 어떤 점을 가장 중요하게 보시나요?

A 작품 오디션에서는 작품에 대한 이해력, 캐릭터에 대한 분석력, 창의력이 중요하다. 소속사 오디션도 '소속사'라는 작품이라고 생각해보자. 그럼 당연히 자신의 '가능성'과 '인성'을 보여주는 것이 중요하다.

사실 아직 원석 그대로인 연예인 지망생이나 신인의 가능성은 비슷하다. 그래서 소속사는 자신들과 되도록 오랫동안 함께할 수 있는 올바른 심성을 가진 신예에게 투자하는 걸 더 중요하게 생각하기도 한다.

한편, 같은 소속사에서도 대표, 이사, 각 분야의 매니저에 따라 배우를 선택하는 기준이 다르다. 하지만 공통적으로 신선한 개성, 살아있는 눈빛, 그만이 가진 매력과 특기 등에 따라 점수가 높아진다.

외모가 남다르게 잘생겼다면 우선순위로 꼽힌다. 다양한 캐릭터가 엿보인다거나 독보적인 캐릭터도 높은 점수를 받는 요인이다. 특히 꿈에 대해서 확실한 가치관과 목적의식을 가지고 있으면 좋은 느낌을 준다. 반면에 산만하거나 생각이 많아 보여서 집중력이 떨어지면 마이너스 요인이다.

대부분의 소속사 관계자는 '될성부른 나무의 떡잎'을 알아보는 눈을 가졌다. 그런 사람들 앞에서 과대포장을 한다거나 가식적인 언행을 하지 말고 못 하더라도 당당하게 임한다. 아직 부족하더라도 잘할 수 있다는 자신감을 가지고, 아주 잘하더라도 겸손한 태도를 보이는 것이 중요하다.

소속사와 전속계약은 신중하라

소속사 편

누구누구 때문에?
나 때문에!

연예인 준비를 한 지 꽤 시간이 지났는데도 아직 데뷔를 못했거나, 데뷔를 했어도 제대로 된 배역을 맡지 못하고 있는가?

그래서 혹시 지금 누구를 탓하며 원망하고 있는가?

연예인 지망생이라면 당연히 스타가 되고 싶은 강한 욕망을 품고 있다. 만년 무명으로 머물기 위해 연예인의 길로 접어들었을 리 없을 테니까.

그래서 많은 이들이 필자에게 "스타가 되는데 매니저의 능력이 얼마나 영향을 미치는지" 물어본다. 그들은 한결같이 "매니저를 잘 만나야 잘된다", "소속사를 잘 만나야 스타가 될 수 있다"는 고정관념에 사로잡혀 있다. 더 나아가 '저 소속사에 들어가기만 한다면 스타가 되는 건 식은 죽 먹기인데', '나한테 주인공을 맡겨주기만 하면 누구보다 잘할 수 있는데'라고 생각한다.

이들 대부분은 현재의 자신을 제대로 모르고, 일이 안 풀리는 이유를 모조리 매니저, 감독, 제작사 등에 떠넘기는 것이다. 자신은 열심히 준비하고 있으니 뭐든 맡겨만 주면 잘할 수 있는데, 매니저는 안 뛰고, 감독들은 자신을 거들떠보지 않는다고 핑계를 댄다.

'역지사지(易地思之)'라는 말이 있다. 모든 일을 타인의 입장에서 한번 생각해보라는 말이다. 담당 연예인이 잘 되어야 매니저도 잘 되는 것이다. 당연히 매니저는 자신의 배우를 스타로 만들기 위해 열심히 일한다. 감독은 영화나 드라마를 흥행시켜야 하는 책임이 있으므로, 작품의 완성도와 재미를 위해 배우 캐스팅에 최선의 선택을 한다.

결국, 좋은 작품의 좋은 배역을 맡으려면 연예인의 실력과 자세가 갖춰져야만 한다는 것을 기억하자.

2000년 전에는 매니저 한 명이 연예인의 모든 것을 관리했다. '북 치고, 장구 치는' 식으로 모든 활동을 일일이 챙겼다. 그래서 매니저나 소속사에서 해당 연예인의 성패를 가를 수 있었다. 하지만 지금은 상황이 많이 바뀌었다.

국내에는 수많은 소속사가 있다. 그 중에 자신이 들어가고 싶고 자신이 좋아하는 아티스트가 소속된 소속사가 한둘은 분명히 있을 것이다. 원하는 소속사에서 연습생이 되고 정식적으로 연예계에 데뷔하는 것이 물론 가장 이상적이다.

소속사는 철저한 분업 시스템에 의해 움직인다. 대형 소속사라면 더욱 그렇다. 매니저 한두 명이 코피를 쏟는다고 해당 배우가 전부 주연을 하게 된다면 연예계 일이 사회에서 가장 쉬울 것이다. 그러나 현실을 보

라. 절대 그렇지 않다. SM, YG, JYP, FNC 등 대형 소속사라고 매번 스타를 배출하지는 않는다.

예를 들어, 아이돌그룹 방탄소년단이 소속된 회사가 처음부터 대형 소속사는 아니었다. 방탄소년단 멤버와 방시혁 대표가 서로 믿고 노력해 함께 성장시킨 것이다.

또한, 배우 송중기는 자기를 처음 발탁한 매니저와 지금까지 함께하고 있다. 소속사의 크기보다 자기를 알아주는 매니저가 더 중요했던 것이다. 이렇게 소속사나 매니저는 아티스트가 성장하면서 함께 성장할 수도 있다.

카메라 앞에 서는 사람은 매니저도 감독도 아닌 연예인 자신이다. 거기 세우기까지는 매니저와 소속사의 몫이었다. 하지만 실전에서 모든 책임은 자신 몫이다. 잘 되어도 자신 덕, 안 되어도 자신 탓이다. 그렇다고 생각하는 게 속이 편하다.

결과가 안 좋을 경우 스타와 무명은 그걸 받아들이는 방식이 다르다. 스타는 잘못됐을 경우 '자신의 연기가 부족해서', '캐릭터 분석이 잘못돼서', '홍보를 더 열심히 했어야 했는데'라며 자신의 탓으로 돌리는 경우가 많다. 하지만 신인일수록, 실력이 부족할수록 남 탓하기 바쁘다.

하지만 앞으로 연예인 생활을 평생 할 건데 더 멀리 보며 겸손한 자세를 가져야 한다. 잘된 일은 상대방 덕이라고 양보하고, 잘못된 일은 내 탓이라고 겸손한 마음을 갖는다면 모두가 당신을 좋아할 것이다. 당연히 연예계에 당신의 인성이 좋다고 알려질 것이고, 함께 일하려는 관계자가 늘어날 것이다.

헐리우드도 인정하는 세계적인 감독으로 우뚝 선 봉준호는 데뷔작 「플란다스의 개」(서울 관객 5만 7천여 명)로 흥행에 실패했다. 하지만 제작사는 그를 믿고 「살인의 추억」(전국 525만여 명)을 지원했고, 결국 흥행에 성공하며 서로 윈윈했다.

스타가 될 준비가 됐고 반드시 될 것이라 믿으며 오늘도 땀을 흘리고 있다면, 그 땀방울로 가슴 속에 짧은 교훈 하나를 새기자.

'잘 되면 남 덕, 잘못되면 내 탓'이라고.

★ 잘 되면 남 덕, 잘못되면 내 탓이다.
아이돌그룹 방탄소년단이 소속된 회사가 처음부터 대형 소속사는 아니었다.
방탄소년단 멤버와 방시혁 대표가 서로 믿고 노력해 함께 성장시킨 것이다.

무조건 최고만을
고집하지 말라

함께하는 파트너나 조력자 없이 혼자 스타가 되는 건 사실상 불가능하다. 그래서 자신에게 맞는 파트너, 즉 소속사와 매니저를 만나야 한다. 연예인 지망생들은 대부분 대형 소속사를 선호하는데, 국내에서 연매출 수백억 원이 넘는 대형 소속사는 50여 개 남짓하다.

SM 이수만, YG 양현석, JYP 박진영, 빅히트 방시혁, FNC 한성호, 젤리피쉬 황세준 등은 수장들이 가진 스타일과 개성이 모두 다르다. 그래서 대형 소속사만을 선호하는 것이 오히려 선택의 폭을 좁힐 수도 있다.

연예인 지망생이 대형 소속사를 고집하는 건 충분히 이해할 수 있다. 하지만 조금 더 시야를 넓혀 자신의 개성을 고려해 소속사를 찾을 필요가 있다.

소속사를 알아볼 때 연예계에 종사하는 지인을 통해 알아보는 경우도 있다. 필자 역시 "어떻게 하면 좋은 소속사를 만날 수 있나?", "어떻게 하면 유명 소속사에 들어갈 수 있나?"라는 질문을 많이 받는다. 그런데 자신을 원하는 소속사를 만나는 것은 쉽지 않다. 이미 재능이 많은 연예인 지망생이라면 어떤 소속사에서건 가만히 놔두지 않았을 것이기 때문이다.

물론, 대형 소속사는 기본적으로는 안정적이고 군소 소속사는 모험적인 요소가 많다. 그렇다고 대형 소속사만 선호해 군소 소속사로부터 러브콜을 받아도 거부한 채 대형 소속사가 불러줄 때까지 막연히 기다리면 안 된다.

수년간 기다린 끝에 대형 소속사를 통해 데뷔하고 스타가 되기도 하지만, 자기의 재능을 알아주는 군소 소속사를 통해 스타가 되는 경우도 있다는 걸 알아두자. 어느 쪽이 정답은 아니지만, 필자는 소속사의 사이즈보다는 자기의 재능을 알아주고 밀착된 관리로 호흡할 수 있는 소속사와 함께 가는 쪽을 권한다.

대형 소속사에 있던 배우 A의 예를 들어보자. 그는 그 회사와 함께 3년 동안 일했는데, 어느 날 다른 소속사 대표로부터 "소속사도 없이 혼자 일을 잘하네요. 이제 우리 소속사와 함께 일할 생각 없으세요?"라는 질문을 받고 충격을 받았다.

그리고 얼마 후 다른 소속사로 옮겼다. 지금까지 자신이 소속사에 속해 있다는 걸 몰랐을 정도로 관리가 안 됐단 말인가. 그는 현재 군소 소속사에 들어가서 조연이지만 이름만 대면 알 만한 흥행배우로 자리매김했다. 이처럼 자신의 능력이 중요한 것이지, 꼭 대형 소속사라서 관리를 잘해준다고 기대하기는 어렵다.

기본적으로는 연예인 지망생이나 신인뿐만 아니라 스타 역시 대형 소속사를 선호한다. 하지만 개성이 강한 스타는 군소 소속사에서 자기 취향대로 일하는 걸 더 좋아하기도 한다.

매니저 역시 두 가지 부류가 있다. 스타를 잘 관리하는 매니저도 있고, 신인과 동고동락하면서 함께 성장하는 매니저도 있다. 필자는 매니저 초기에 주로 신인과 일을 시작해 그가 스타가 되는 것을 많이 경험했기 때문에 후자에 속한다.

사실 호흡이 맞는 파트너를 찾는 게 제일 중요하다. 소속사, 즉 매니저와 연예인의 관계는 부부 같다고 생각한다. 계약을 맺으면 서로의 모든 것을 알고 아끼고 사랑하지만, 뜻이 맞지 않으면 결국 헤어진다. 그리고 연예인은 언제 그랬냐는 듯 새 소속사에 들어간다. 이혼 후 재혼하는 것과 같다.

'자본과 배경을 가진 사람을 선택할 것인가?' 아니면 '힘들더라도 자기만을 아껴주고 성격이 맞는 사람을 선택할 것인가?'라고 고민하는 게 결혼과 비슷하다. 인생에서 결혼이 얼마나 중요한가? 그래서 신중하게 선택해야 한다.

꼼꼼히 점검하고 현재 자신이 얼마나 준비됐는지 체크하며 자기에게 맞는 곳을 찾아가자. 재능이 있고 가능성이 있다면 대형 소속사나 군소 소속사나 어느 곳이든 문은 열려 있다. 스타가 될 가능성이 많은 연예인 지망생은 모든 곳에서 환영받는다.

★ 무조건 최고만을 고집하지 말라.
자기의 재능을 알아주는 군소 소속사를 통해
스타가 되는 경우도 있다는 걸 알아두자.

소속사와의 전속계약, 이것만 명심하라

스타는 한마디로 걸어다니는 중소기업이다. 한 명이라고 우습게 볼 일이 아니다. 스타는 최소한 대여섯 명의 관리를 동시에 받으며, 신인일 경우에도 소속사에 들어가면 최소한 2~3명이 관리해준다.

그래서 체계적인 관리를 원한다면 소속사에 들어가는 게 유리하다. 그건 시스템 때문이다. 이미 한국 연예계의 시스템은 어느 정도 수준에 올라와 있다. 그렇다면 구체적으로 소속사를 어떻게 선택해야 할까?

첫째, 길거리 캐스팅에 현혹되지 마라

예전에는 길거리에서 소속사 관계자나 드라마 제작자, 감독에게 발탁되어 스타가 됐다는 사례가 간혹 있었다. 예를 들어, 이효리는 강남 어느 길거리에서 매니저에게 우연히 캐스팅되어 핑클 멤버가 됐다.

하지만 지금은 소속사에서 길거리 캐스팅을 하는 경우가 드물다. 왜

냐하면 매일 문을 두드리는 연예인 지망생을 일일이 테스트하기도 바쁘기 때문이다.

만약 평소 연예인을 꿈꿨지만 입문하는 방법을 몰라서 헤매고 있던 어느 날, 길을 걷는데 멀쩡하게 생긴 사람이 다가와 소속사나 연기 아카데미 명함을 내밀며 스카웃 제의를 한다고 가정해보자.

드디어 그토록 그리던 길이 열린 것이라고 기대할 수도 있다. 그리고 금방 스타가 된다는 환상에 빠진다. 그렇게 그 사람을 따라가면 연기 아카데미에 등록하라며 각종 트레이닝 비용이 청구될 것이다. 또한, 한 달에 수십만 원에서 수백만 원을 내고 그 아카데미에서 가르치는 대로만 배우면, 영화에 출연할 수 있다고 청사진을 제시할 것이다. 하지만 아카데미든 소속사든 부당한 돈을 요구한다면 앞뒤 가리지 말고 뛰쳐나와라.

연기 아카데미의 경우 수업료가 드는 경우가 있긴 하지만, 그건 연기를 준비하는 과정에 드는 비용일 뿐 데뷔하거나 관리를 받는 것과는 다름을 꼭 인지해야 한다. 학교나 학원은 가르치는 곳이지 취업을 보장해주는 데가 아니다. 한편, 아카데미라고 반드시 연기를 제대로 잘 가르치는 것은 아니므로 타당성 없이 트레이닝비, 교육비 등을 과다하게 요구하는 건 아닌지 신중하게 선택한다.

다시 말하지만, 소속사가 돈을 요구한다면 그 회사는 무조건 소속사로서 부적합한 회사다. 정상적인 소속사라면 회사의 자본을 투자하며, 연습생이나 신인에게 트레이닝 비용과 진행비 등을 요구하지 않는다. 오히려 아주 적은 액수일지라도 선급금을 주거나 최소한 연습비, 식대, 차비 등 기초 비용을 제공하는 경우도 있다.

둘째. 믿을 만한 소속사인지 확인하라

좋은 소속사에 들어가려면 실력이 필수다. 역시 실력만이 자신만의 무기임을 명심해야 한다. 일단 신뢰도 높고 원하던 소속사와의 전속계약은 잘 닦인 도로에 진입한 것과 같다. 바꿔 말하면, 자신의 성향과 다른 소속사거나 신뢰도와 실적이 낮은 소속사라면 첫 단추부터 잘못 꿴 것이다.

지금은 방송사에서 공채 탤런트를 뽑거나 영화제작사에서 전속배우를 뽑지 않는다. 그래서 소속사로 들어가는 행운을 얻는 게 가장 빨리 데뷔하는 방법 중 하나다.

그렇다면 믿을 만한 소속사인지 어떻게 알 수 있을까?

만약 계약을 맺고자 하는 소속사가 있긴 한데 확신이 서지 않는다면, 제일 먼저 관련 협회나 단체인 '한국연예매니지먼트협회', '한국연예제작자협회', '한국매니지먼트연합' 회원사인지 체크해본다.

- **한국연예매니지먼트협회**는 연기자 중심으로, 4년 이상의 경력자 매니저와 배우를 관리하고 있는 매니지먼트사들이 회원(사)으로 구성된 단체다.
- **한국연예제작자협회**는 가수와 음반을 제작하는 회원이 모여 있는 단체다.
- 마지막으로 **한국매니지먼트연합**은 가수 중심으로, 4년 이상의 매니저 종사경력이 증명되어야만 회원으로 구성되는 단체다.

그리고 가장 중요한 것은 '대중문화예술기획업'에 등록업체인지 반드시 체크해야 한다. 세 단체의 회원사들과 '대중문화예술기획업' 등록업자라면 최소한 문화체육관광부, 한국콘텐츠진흥원에서 검증받은 소속사임을 확인할 수 있다. 이에 준해 소속사 명칭이 대형 온라인 포털 사이트에 공증되어 있기 때문에 그것을 참고하면 된다.

또한, 2014년부터 대중문화예술산업발전법이 생기고 1년 동안 준비 시행했고, 본격적으로 2015년부터 입법화됐다. '대중문화예술산업발전법'에 따르면 문화체육관광부가 정한 자격에 맞는 '대중문화예술인기획업'의 등록을 한 소속사만이 엔터테인먼트 매니지먼트 소속사를 운영할 수 있다. 대중문화 종사 경력이 2년 이상(2018년 3월 변경)인 종사경력증명서를 가진 사람이 개인사업자의 대표이거나 법인의 등재이사일 때 대중문화예술산업에 종사할 수 있다.

예전에는 아무나 소속사라고 하면 포털 사이트에 등록될 수 있었다. 하지만 지금은 이런 자격요건을 갖추지 못하면 포털 사이트에 등재될 수 없으며, 법을 따르지 않고 그냥 소속사를 운영한다면 과태료를 무는 불법 회사임을 알아두자. 또한, 2016년 7월 29일 이후 연예인을 공식적으로는 '대중문화예술인'으로 칭한다는 점 역시 알고 있어야 한다.

셋째. '표준전속계약서'를 사용하라

그 다음에 중요한 부분은 계약서인데, 연예인과 소속사 간에 계약을 할 때는 반드시 '표준전속계약서'를 사용해야 한다. 공정거래위원회, 문화체육관광부, 한국콘텐츠진흥원과 함께 만든 것으로, '표준전속계약서'

를 사용하지 않은 계약은 무효로 인정된다.

부동산 계약서, 은행업무 약관처럼 이것을 사용해야 하고, '표준전속계약서'를 조금만 수정해도 계약은 무효다. 만일 서로 합의점이 필요하다면 '부속합의서'를 통해 합의해 작성한다. 연예인과 소속사 간에 각자 세세한 계약조건들을 부차적으로 정하는 것이다.

예를 들면, 계약기간 내에 자신이 어느 정도의 스타의 수준에 올렸을 경우 계약을 수정한다든가 하는 내용이다. 이런 서로 간의 이해득실과 생각, 사정 등을 반영해 조건을 정리하고, 그걸 지키겠다는 합의를 '부속합의서' 안에 적으면 법적으로 인정받는다.

또한, 대중문화예술기획업 등록자가 아니어도 계약이 무효이며, '표준전속계약서'에서 정한 것을 시행하지 않으면 법으로 과태료 혹은 영업정지를 적용하게 된다.

따라서 공정거래위원회, 한국연예매니지먼트협회(배우 중심), 한국연예제작자협회(가수 중심), 한국연예매니지먼트연합(가수 중심), 한국콘텐츠진흥원 등에서 '표준전속계약서'를 참조한다. 계약기간은 최소 3년에서 장기 7년까지다. (계약서에 7년 이내라고 적혀 있다.)

모든 검토를 마쳤다면 계약을 진행한다. 현재 '표준전속계약서'에 의하면 계약금의 항목은 없어졌으며, 필요에 의해 선급금은 지급할 수 있다. 이때 터무니없이 파격적인 대우를 약속한다든가, 선급금이 매우 많다든가, 아주 빠른 시일 내에 스타로 만들어준다든가 하는 혹한 조건을 제시할 경우에는 뭔가 의심스러운 계약일 수 있으니 꼭 주의한다.

넷째, 자신에게 맞는 소속사를 찾아라

연예인 지망생이나 신인에게 대형 소속사에 들어갈 기회가 주어진다면 좋겠지만, 그렇지 않더라도 더 잘 될 수 있으니 너무 낙담할 필요가 없다. 자신을 더 잘 알고, 더 세심하게 배려할 줄 아는 가족적인 시스템과 최선을 다하는 매니저가 있는 소속사를 찾으면 된다.

물론 그것이 대형 소속사일 수도 있고, 군소 소속사일 수도 있으니 크기가 꼭 중요하진 않다. 대형 소속사에 소속된 연예인 중에도 중간에 나오는 이들이 많다. 어떤 연예인은 형식적인 시스템보다 자신에게 좀 더 맞춰주는 스타일로 일하길 바란다. 연예인은 저마다 개성이 다르니까.

한편, 살던 집에서 2~3년마다 이사를 가야 한다고 생각해보자. 물론 더 큰 집으로 살림을 늘려나가는 건 좋겠지만 소속사를 계속 옮겨 다닌다면 이래저래 성가시고 불편한 일이 생긴다.

직장인의 경우 수많은 직장을 전전해 이력서가 복잡하다면 새 회사 면접을 볼 때 좋은 인상을 받기 어렵다. 연예인 역시 수시로 소속사를 바꾸면 대중이 좋게 봐주지 않는다.

의리를 지키는 소속사와 연예인, 보기 좋지 아니한가! 처음부터 신중하게 정해서 오래 갈 수 있는 곳을 선택하자. 데뷔부터 시작해 스타가 될 때까지 함께하는 배우와 매니저들에게 아낌없는 박수를 쳐주고 싶다.

★ 영화 촬영 현장 _배우 이선구.

★ 영화 촬영 현장 _배우 한주영.

신중하게 선택한
소속사와 인연 이어가기

만약 자신이 연예인 '유망주'라면 유명 소속사들과 계약할 기회를 잡을 것이다. 그렇게 꼼꼼히 검토하고 전속계약을 맺으면 벌써 스타가 되는 환상에 젖어 구름 위를 날고 있을지도 모른다.

하지만 천만에! 앞으로 걸어가야 할 수만 걸음 중에서 이제 겨우 첫발을 내디뎠을 뿐이다. 연습생 신분으로만 계약하고 전속계약을 안 했다면 자신의 위치는 여전히 애매모호하다. 그 내면엔 소속사의 이기적인 계산이 숨어 있기 때문이다.

아직 연습생 신분인 당신은 소속사가 연습생 신분을 풀어주지 않으면 영원히 연습생이다. 소속사가 무능하거나 소속사가 자신에게 제시한 어떤 조건을 충족시키지 않을 경우 계약기간 내 데뷔는 불가능할 수 있다는 얘기다. 그리고 그 '조건'은 소속사의 이해관계와 연관되어 있을 수 있다.

또 한 가지 이유는, 소속사의 입장에서 연습생은 '계륵'이라는 의미다. 가능성은 있어 보여 계약은 했지만 확신이 없다. 과감하게 투자하지도 못하고 다른 소속사에 빼앗기는 건 아깝기 때문에, 일단 일정 기간 연습생으로 묶어두는 전략인 경우도 많다.

2000년대 이전의 소속사는 오로지 돈만 좇은 건 아니었다. 초창기에는 소속사(매니저)와 연예인 간에 정이 넘치고 낭만이 존재했다. 비록 소질과 외모가 좀 떨어져도 서로 정과 의리로 맺어졌다면, 매니저가 희생정신을 발휘해 어느 정도 성과를 일궈내는 미덕이 있었다.

하지만 지금은 다르다. 코스닥 시장에 상장한 소속사라면 철저하게 기업 이윤을 첫 번째로 추구한다. 왜냐하면 주주들의 기대치가 높기 때문이다.

상장한 회사가 아니더라도 대부분 투자를 받아서 적자를 낼 수 없는 상황이므로, 그들 또한 하루빨리 경영 정상화, 즉 자산 대비 최상의 수익률을 내기 위해 혈안이 되어 있다. 더불어 경영 상태를 안정시켜 코스닥 시장에 상장할 만큼 성장하는 것이 목표이므로 매출 증대에 힘쓴다. 그러니 여기에서 정이나 인간미를 따질 순 없다.

그렇다면 뭘 볼 것인가? 바로 동반자적 자세다. 연예계가 일반 기업과 다른 점이 있다. 일반 기업에는 비슷한 수준의 달인들이 수두룩하지만, 만약 당신이 스타가 됐을 경우에는 당신 한 명이 매우 소중한 존재라는 점이다. 그땐 '갑'과 '을'의 관계가 역전된다.

그리고 계약기간이 만료됐거나 신인이 스타가 됐을 경우 소속사를 떠나는 경우가 많다.

왜냐하면 다른 소속사에서 더 좋은 제안을 많이 하기 때문이다. 이때 인연이 계속 이어지는 경우는 드물다. 하지만 그때도 서로 믿고 계속 갈 수 있을 소속사를 처음부터 골랐다면 얼마나 행복할 것인가?

자신을 단지 돈벌이 수단으로만 보는 소속사가 아니라, 한 명의 예술가로 인정하고 함께 꿈을 이루어나가고자 하는 마인드를 지닌 소속사와 오랫동안 함께하는 것이 가장 이상적이다.

처음에 소속사와 계약하고 함께 일을 시작할 때는 평생 함께할 것 같이 생각한다. 필자 역시 신인과 시작할 때 짧게 하려고 마음먹은 적은 한 번도 없었다. 초창기에는 구두계약으로 했다. 서로 같은 꿈을 꾸고 마음이 맞으면 의기투합해 바로 당일에 시작했다. 헤어질 때도 "우리 그만하자"라고 하면 그만이었다.

하지만 요즘은 무조건 서류와 공증이 필요하다. 계약기간은 최소 3년인데, 신인일 경우 최장 7년까지 계약한다. 계약기간이 다 되면 재계약하거나 새 소속사로 옮긴다.

30년 가까이 연예기획자로 활동한 필자도 10년이 넘도록 함께한 경우는 몇 되지 않는다. 10년을 넘기는 오랜 지기 같은 매니저와 연예인의 관계는 정말 쉽지 않다. 그런데 가능하면 그렇게 오랜 시련과 성장통을 함께 겪으며 가는 것이 스타에게도 유리하다.

옛말에 '10년이면 강산도 변한다'고 했는데 하물며 사람의 경우는 어떨까? 10년 넘게 함께 일하는 것은 서로 호흡이 맞지 않으면 할 수 없

나. 그만큼 서로 가족이나 친구에 견줄 만큼 끈끈한 관계라는 의미다.

필자는 가끔 언론을 통해 '소속사와 재계약'이라는 기사를 볼 때 기분이 좋다. 또 한 번 맺은 인연이 오래간다는 데 굉장히 뿌듯한 마음이 든다. 방송인 강호동은 씨름선수에서 개그맨으로 전향할 때 매니저를 맡은 이와 지금까지 함께하고 있다. 20년이 훌쩍 넘었다.

데뷔 때부터 헤어지지 않고 지속적으로 함께 일하는 경우는 꽤 드물다. 그건 정말 쉬운 일이 아니다.

연예인과 소속사 간의
분쟁 해결 방안

연예인과 소속사의 관계는 운동선수와 소속구단의 관계다. 국내 프로 야구, 프로 축구, 프로 골프 등 프로 스포츠업계에는 구단과 선수가 함께 인정하는 일정한 룰이 있다.

하지만 그에 못지않은 돈이 오가는 연예계는 규정이 애매하다. 그래서 국내 연예계는 소속사와 연예인 간의 전속계약 및 수입 분배에 관한 소송이 많다. 상황이 이렇다 보니 공정거래위원회가 나서서 한국연예매니지먼트협회와 함께 10여 장의 '표준전속계약서'와 '부속합의서'를 만들긴 했지만, 사실상 실효성이 부족한 부분과 보완할 부분이 아직 남아 있다.

연예인 지망생 혹은 신인일 때는 계약만 이뤄져도 정말 좋아하고 감사하게 생각한다. 여러 조건 등을 크게 따지지도 않고 연예 활동만 할 수 있으면 좋겠다고 생각한다. 하지만 스타가 되고 나면 더 좋은 조건을 제시하는 곳이 벌떼처럼 달려들기 때문에 다른 소속사로 이적하고 싶어진다.

기존 소속사의 사람들은 좋은 얘기보다 걱정되는 내용, 문제가 일어날 소지가 있는 일 등 주로 쓴소리를 많이 한다. 이에 반해 스타를 회유하려는 속내를 가진 다른 소속사 사람들은 칭찬과 달콤한 얘기를 늘어놓는다. 스타도 사람이다 보니 마음이 흔들리게 되고, 초심을 잃게 되면 돈 몇 푼에 귀가 솔깃해 다른 곳으로 옮기는 경우가 많다.

당연히 자신과 뜻이 맞지 않으면 소속사를 옮길 수는 있다. 하지만 신인 때부터 열정을 쏟아부었던 매니저와의 의리, 금전적인 투자를 아끼지 않았던 소속사의 손실 등에 대해서 보상이 없는 게 문제다.

필자는 이런 경우를 수없이 봐왔고 너무 안타깝다. 소속사에 처음 들어올 때는 겸손하고 인간적이었던 신인이 스타가 되자마자 확 달라진 경우도 많았다.

필자는 매니저라는 직업을 거쳐 현재 소속사를 운영하면서 많은 연예인과 무수히 만나고 헤어졌다. 그러면서 '전 소속사와 새 소속사가 만족하고 덜 상처받는 방법이 무엇일까?'에 대해 수없이 고민해봤다. 결론은 신인이 스타가 되어서 소속사를 옮겨갈 때 보상제도를 마련하는 것이다.

신인에서 스타가 된 연예인이 소속사를 옮길 때 전 소속사가 웃으면서 보낼 수 있는 방법은 서로에 대한 양보와 배려다. 대중문화예술산업 종사자라면 언젠가는 상대방의 입장이 될 수도 있으므로 함께 고민해봐야 될 문제다.

그렇게 해서 나온 것이 프로 스포츠처럼 FA(Free Agent, 야구 규약을 충족하는 선수는 어느 구단과도 자유로이 계약 교섭을 할 수 있음) 제도를 만드는 것이다.

현재 대중문화예술산업발전법에 의하면 최단 3년에서 최장 7년이라 전속계약 기간이 엄연히 존재하지만, 프로 스포츠선수들의 기준에 비하면 많이 부족하다. 프로 야구선수의 계약서를 본 적이 있는데, 대여섯 장 분량으로 핵심이 잘 정리된 계약서였다.

연예계에도 이러한 FA 제도가 도입되어 서로에게 보상하는 시스템이 정착됐으면 하는 바람이다. 아니, 꼭 이루어져야 한다. 이런 보상제도에 의해 연예인과 매니저 사이에 서로에 대한 본질적인 이해가 생기면 분쟁이 점차 줄어들 것이다. 더불어 이런 제도에 대한 개념과 사례가 널리 알려져 모든 사람들이 인식하게 되면 연예인 지망생도 처음부터 이것을 염두에 두고 시작하기 때문에 나중에 분쟁이 없어질 것이다.

현재 한국연예매니지먼트협회가 정한 규칙에 의하면 새 소속사와 연예인과의 공식적인 접촉은 표준전속계약서가 정한 전속계약기간이 끝나기 3개월이 되기 전에는 할 수 없다.

이런 규정에 따라 점점 분쟁이 줄어드는 추세이긴 하지만 연예인과 각 소속사들이 골고루 혜택을 받고 불만을 줄일 수 있는 제도적 보완장치가 더 많이 생겨야 한다.

한국연예매니지먼트협회는 '특별기구 상벌조정윤리위원회'를 상설 구성해, 연예인과 소속사 간의 분쟁에 대해 자체적으로 봉사하면서 이런 문제를 본질적으로 해결해 나가는 네 많은 노력을 기울이고 있다. '상벌위'는 업계에서 10년 이상의 경력을 지닌 전문인, 대중문화예술산업 종사자를 구성원으로 하고 있으며, 10여 년 전부터 수많은 업계 문제와 어려움을 개선하고 분쟁을 줄여나가는 데 일익을 담당하고 있다.

신인이 스타가 되는 데 최소한 5년이 걸린다. 이때 함께한 공로가 있는 소속사라면 그에 대한 보상을 해주어야 한다. 이런 보상제도는 앞으로 분명 실현됐으면 하는 바람이다.

스타가 됐을 때 처음에 가진 마음을 잊지 않고 그 공로를 인정할 줄 안다면, 첫 소속사와 새로운 소속사가 같은 마음으로 이해하고 공감한다면, 충분히 프로운동 선수처럼 FA 제도가 실현될 수 있다고 믿는다. 필자와 같은 '대중문화예술산업 종사자'는 이것을 같은 마음으로 응원하고 있다.

선택의 순간엔
한 번 더 생각하라

누구나 어떤 것이든 선택의 순간을 맞이할 때가 있다. 그 선택에 따라 운명이 달라지기도 한다.

스타 중에도 대본(시나리오)을 겉핥기식으로 분석하다 훌륭한 작품을 놓치는 경우가 많다. 대본의 초반만 읽거나 깊이 있게 분석하지 않은 바람에 잘못된 선택으로 기회를 놓친 것이다.

그런 실패는 때론 보약이 되어 나중에 더 좋은 작품을 만나는 경우도 있지만, 그 실패 때문에 다시 기회를 잡지 못하는 경우도 있다. 이때 실패는 스타가 대중에게서 멀어지는 것이다. 따라서 모든 선택의 순간엔 돌다리도 두들겨보고 신중히 선택한다.

소속사를 정하거나 바꿀 때도 마찬가지다. 오랫동안 파트너로 함께해야 하는데 주위의 말만 믿고 결정하면 안 된다. 신중하게 생각해 결정하고, 결정한 뒤엔 믿고 따라야 한다. 결정하기 전의 무수한 생각들은 결론을 얻기 위한 과정일 뿐이다.

작품 역시 고르기 전이 문제지, 결정하면 그것을 위해 최선을 다하고 최고의 모습으로 임한다. 순간의 선택이 자신의 운명을 가른다. 좋은 작품을 선택해 탄탄하게 스타의 길을 가는 이도 있고, 스타가 될 가능성이 컸는데도 잘못된 판단으로 모든 걸 망치는 이도 있다.

소속사와 잦은 마찰로 소속사를 많이 옮기는 경우, 스타가 되지 못하거나 되더라도 장수하지 못하는 경우를 많이 봐왔다.

또 데뷔 때의 소속사에서 지금까지 일하는 배우 손예진, 장혁과 같은 경우도 많이 봤다. 그건 서로에 대한 무한한 신뢰와 배려가 밑바탕이 됐기 때문이다.

초심이 없다면 그렇게 오랫동안 함께 갈 수 있었을까? 그들은 주변에서 유혹이 없었을까? 진정으로 믿고 배려했기에 아름다운 의리가 성립될 수 있었던 것이다.

아이돌그룹 멤버로서 스타덤에 오르면 소속사를 떠나는 스타가 많지만, 자청해서 재계약하는 스타도 많다.

달콤한 유혹에는 함정이 도사리고 있다. 순간의 판단 착오로 그동안 쌓아온 좋은 이미지를 한순간에 무너뜨리지 않도록 주의해야 한다. 시작이 좋아도 끝이 안 좋으면 기존의 이미지는 무너진다.

따라서, 함께할 소속사나 매니저를 찾을 땐 자신의 꿈과 성향에 맞는지 잘 따져본다. 지금 자신은 어려운 스타의 길에 접어들려 한다. 그 험난한 길 끝에 꽃길을 만나기 위해선, 자신의 가능성을 인정해주고 자신의 꿈에 모든 것을 쏟아붓는 소속사와 동반자가 있어야 성공할 가능성이 높아진다.

필자 역시 3대까지 함께하자는 스타가 있었지만, 10여 년을 같이 일하다 뜻이 맞지 않아 헤어졌다. 누군가를 믿고 따르며 오랫동안 함께한다는 것은 그만큼 쉽지 않다. 처음 만나는 소속사와 오래 하겠다는 마음을 가졌다가도 변하는 경우가 많다.

하지만 변하는 환경 속에서, 많아지는 조건 속에서, 서로에 대한 이해와 믿음으로 함께한다면 행복할 것이다. 오래 함께할 수 있는 동반자를 만나기 바란다.

매니저가 되려면 어떻게 해야 되나요?

매니저는 소속사별로 구인하는 시기에 맞춰 지원하거나 지인을 통해 추천받아서 시작하는 경우가 많다.

결격사유만 없다면 시작할 수 있기 때문에 진입장벽이 낮은 편이다. 하지만 1~2년차를 거쳐 꾸준히 오래 일하기란 쉽지 않다. 바람 잘 날 없는 연예계에서 크고 작은 성공과 실패를 겪게 되고, 많은 이유로 이직하게 된다.

결국 '인성'과 '멘탈'이 강해야만 견딜 수 있다.

그래서 매니저가 되는 법은 연예인이 되는 법과 같다고 할 수 있다. 연예인이 신인에서 스타가 되는 것처럼, 초보 매니저가 베테랑이 되기까지는 도전하고 실패하는 과정을 수없이 겪어야 한다.

또한, 연예 분야 일을 좋아하며 자신의 적성에 맞아서 즐길 수 있어야 즐겁게 평생의 업으로 삼을 만하다.

최근에는 해외에서 활동하는 스타들을 지원하는 역할을 해야 하기 때문에 외국어가 뛰어나거나 마케팅 역량을 갖춘 고급 인력이 많이 투입되고 있다. 시대의 흐름상 당연한 변화라고 할 수 있다.

자신의 꿈이 매니저라면 스타를 준비하는 과정처럼, 스스로 잘할 수 있는 분야를 찾아서 실력을 쌓고 안목을 키우며 성실하게 노력하면 된다.

★ 시상식 '아시아 모델 어워즈'의 모습.

한류 열풍을 이끄는
대중문화예술산업

한 명의 스타를 위해 현장 매니저, 스케줄 매니저, PR 매니저, 마케팅 매니저, 해외 담당 매니저, SNS 담당 매니저 등 최소 대여섯 명이 뒤에서 묵묵히 일하고 있다. 이제는 홍보 분야만 하더라도 보도자료, 영상, 소셜 미디어 등 다채로운 방법으로 홍보하고 있다.

이처럼 한류 스타 한 명(혹은 팀)만 해도 매니저 업무가 전문적으로 분업화되고 있어서 다양한 대중문화 종사자를 점점 더 늘려가는 추세다.

하지만 한국의 문화를 널리 알림으로써 국가의 위상을 드높이고 국민의 자존심을 한껏 키워주는 한류 스타가 성장하는 것에 비해, 정부나 지방자치단체의 관심과 지원은 아직 부족하다.

문화체육관광부는 영화진흥위원회 등을 통해 오랫동안 영화에 구체적으로 지원하고 '영화'라는 문화 발전에 관심을 기울이는 듯하지만, 실제 한류 열풍을 주도하는 감독, 스태프 등 영화인들은 피부로 전혀 느끼지 못하고 있다.

한편, K-POP, 한류를 알리는 스타들이 국가대표 운동선수들과 마찬가지로 국가의 지원과 인정을 받았으면 하는 바람이다.

싸이를 비롯한 방탄소년단 등 월드스타가 빌보드 차트에서 1, 2위를 하고, 전 세계인에게 K-POP과 한국 문화를 알리는 기여도를 생각해 보면, 이들에 대한 정부의 지원이나 자유로운 활동을 위한 혜택이 필요하다.

특히, '한류 스타'를 만들고 관리하는 대중문화예술산업 종사자들에 대한 정부의 지원이 요구된다. 소속사 설립요건을 구체적으로 만드는 등 관심이 높아지고 있지만 실효성 있는 대책은 아쉬운 상황이다.

당연히 대중문화예술산업 종사자들에게 규제와 엄중한 법적 잣대는 필수다. 그런데 그만큼의 관심과 지원도 있어야 한다.

대중문화예술산업은 한국의 위상을 널리 알리고, 큰 수익을 거두는 분야다. 외국인은 한국을 K-POP이나 K-드라마 등 한류를 통해 간접적으로 아는 경우가 많다. 한류 스타의 인지도와 호감도에 따라 한국을 평가하기도 한다.

따라서 한류 스타를 발굴하고 관리하는 대중문화예술산업 종사자들의 열정을 인정하고 지원해주는 것이 한류 열풍을 지속시키는 방법 중 하나임을 모두가 알아야 할 것이다.

Q 지난 여름 방학 때 친구들과 강남역에 놀러갔다가 우연히 길거리 캐스팅을 받았는데요. 평소 막연히 연예인이 되고 싶긴 했는데, 막상 제안을 받으니 당황스럽더라구요. 연락하고 싶긴 한데 확실한 곳인지 걱정도 돼요. 만약 길거리 캐스팅 제안을 받았다면 어떻게 해야 하나요?

A 필자가 매니저 일을 하면서 가장 많이 받는 질문 중 하나다. 길거리에서 우연히 받은 연예 관계자의 명함은 연예인을 꿈꾸는 이들에게는 그야말로 설레는 사건이다. 그들은 "카메라 테스트를 거쳐 연습생을 뽑는데 그 테스트를 합격하면 연예계에 입문할 기회를 주겠다"고 말한다.

하지만 그들이 소개한 곳에 가 보면 모든 참가자들이 테스트에 참가한다는 것을 알게 될 것이다. 특히, 카메라 테스트라는 관문이 함정인 경우가 많다. 업계 전문가라고 칭하며 아카데미 선생님이 카메라 테스트를 한다. 그런데 객관적 지표에 의해 무엇이 좋고 나쁜지를 구체적으로 알려주지 않은 채, 그저 테스트에 합격했다며 연예인 지망생을 기쁘게 만들 것이 뻔하다.

이는 백화점을 방문한 엄마들에게 어린이 모델을 찾는다며 호기심을 흔들며 정신을 뺏는 방법과 같다.

예를 들어, 만약 어린이 모델 테스트에 합격하면 학원에서는 합격이라는 명분을 내세워 교육비를 요구하고, 부모는 찝찝하지만 가능성이 있다는 말을 믿고 많은 비용을 내게 된다.

하지만, 교육비를 지불하라고 요구하는 곳은 소속사가 아니라 배우는 곳이라는 사실을 기억하라. 제대로 된 소속사는 아무런 활동도 시삭하지 않은 신인에게 돈을 요구하지 않는다.

결론을 말하자면, 과거에 있었던 길거리 캐스팅과 그로 인해 스타가 된 성공 신화는 정말 신화 같은 이야기일 뿐이다.

ℚ 아이돌 가수가 되고 싶은 10대 후반의 학생입니다. 이왕이면 대형 소속사에 들어가서 데뷔를 하고 싶은데요. 어떻게 해야 되나요?

A 대형 소속사의 연습생이 되려고 준비하는 이는 수천 명, 아니 셀 수 없을 정도로 많다. 그렇다고 한정된 소속사에서 수천 명의 연습생을 받을 수 있을까? 당연히 그럴 수 없다.

하지만 수많은 연습생이 있듯이 수많은 소속사가 있고, 그 수만큼 각각의 소속사가 추구하는 콘셉트는 다양하다. 따라서, 자신이 실력과 매력을 두루 갖추고 가능성을 당당히 어필할 수 있다면 자신을 알아보는 소속사를 찾길 바란다.

결론은, 무조건 대형 소속사를 고집할 필요가 없다는 말이다. 대형 소속사에 들어갈 확률은 매우 낮다. 자신을 알아보는 기획자를 만나는 것이 더 현명하다. 자신을 알아보는 곳에서 최선을 다하라!

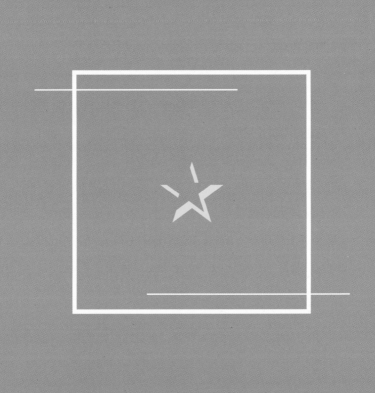

적극적으로
자신을
단련하라

초기 활동 편

별은 스스로
빛나지 않는다

스타의 자리는 항상 변한다. 어느 날 새로운 스타가 탄생하는가 하면, 어떤 스타는 갑자기 사라지기도 한다. 스타라는 존재가 유지되기 위해서 절대적으로 필요한 것은 대중의 사랑과 관심이다.

아무도 인정하지 않는데 스타가 될 수는 없다. 끊임없이 이슈가 되고 그 관심을 계속 유지해야 한다.

인터뷰 하나를 잘해서 스타가 되기도 하고, 인터뷰 하나를 잘못해서 물의를 일으키는 스타도 있다. 큰 것에 신경 쓰는 것은 당연하지만 작은 것도 무시하면 안 된다. 작은 것도 챙기는 모습을 보여주면 대중이 감동할 것이다.

스타가 되는 건 어렵지만 그 자리를 지키는 건 더욱 어렵다. 스타라고 불리는 이들은 해야 할 일, 신경 쓸 일도 다른 이들보다 훨씬 많지만 늘 여유가 넘친다. 막내 스태프까지 하나하나 챙기며 그들과 함께 작품을 진행하는 과정 자체를 소중하게 여긴다.

공식적인 인터뷰에서 제가 잘해서 잘됐다고 말하는 스타는 없다. 진심을 담아 모든 공로를 스태프나 주변 사람에게 돌리는 경우가 많다.

물론 이렇게 시야를 넓게 가지기가 쉽지 않다. 하지만 관심이 자신에게 집중되더라도 나와 너가 아닌 '우리'라는 단어를 아는 사람이 스타의 꿈에 다가갈 것이다.

한때 절정의 인기를 누렸지만 어느새 대중의 기억에서 사라진 숱한 전직 스타들을 떠올려보자. 그들이 사라진 건 나이나 유행 때문일 수도 있지만, 반드시 그렇지는 않다.

아역배우로 데뷔한 안성기는 환갑을 훨씬 넘긴 나이에도 여전히 스타이며, 현역에서 활발하게 활동 중이다.

감독 봉준호의 페르소나인 배우 변희봉은 50년 넘도록 배우 생활을 하며 팔순이 다 되도록 자기 일을 즐기며 활동하고 있다. 그래서 헐리우드 작품을 하고 세계 3대 영화제 무대에 서기도 했다.

젊은 배우들 못지않게 왕성하게 활동하며 수십 년간 스타의 자리를 지키는 이순재, 신구, 박근형, 나문희, 김영철, 김영옥, 김혜자, 고두심, 김해숙, 윤여정 등은 여전히 건재하다.

가수의 경우에도 나훈아, 남진, 이미자, 그에 뒤를 이어 태진아, 양희은 외에도 이문세, 김건모, 신승훈 등이 있다.

개그맨 방송인 중에는 구순이 넘어서도 맹활약 중인 송해를 비롯해 주병진, 이경규, 임성훈 등이 있고, 그 뒤를 이어갈 스타로 신동엽, 강호동,

유재석 등이 있다.

이들처럼 대중에게 오래 사랑받고 시대가 변해도 자기 자리를 지키고 있는 스타가 진정한 스타다. 신인일 때의 겸손하고 노력하는 마음을 유지하고, "이런 연기는 나밖에 할 수 없다"는 장인정신으로 계속 자신을 담금질해야 대중의 사랑을 꾸준히 이끌어 낼 수 있다.

물론 그 일은 혼자선 힘들다. 감독과 끊임없이 상의하고, 연출부는 물론 미술부, 조명부, 촬영부 등 각종 스태프와 긴밀한 유대관계를 형성해야 한다. 그리고 자신을 가장 잘 알고 있는 매니저(소속사)와 손발이 맞아야 한다.

하물며 연예인 지망생은 달리는 말이다. 계속 뛰어야 매 경주마다 우승할 수 있다. 이때 전력질주하기 위해선 훌륭한 기수가 있어야 한다. 그게 바로 매니저와 같은 조력자다. 무아지경에 빠져 질주하고 있는 자신은 지금 똑바로 가고 있는지, 전환점에서 제대로 돌았는지, 제대로 인지하기 힘들다. 그래서 기수가 필요하다.

혼자서 잘났다고 고집을 부릴 것이 아니라, 주변 조력자들과 협력해 자신의 이미지를 다듬어 나가자.

" 시작할 때의 마음가짐을
잊지 않고,
추구하는 바를
끝없이 되새기는 것이
실수를 줄일 수 있는
방법이라고 생각합니다. "

_배우 곽동연

" 노력은 타고나거나
외모로 얻어지는 것보다
더 많은 것을 얻을 수 있는
방법입니다.
자신에 대한 투자와
늘 자각하는
자세가 필요합니다. "

_배우 성찬

때를 기다려라?
때를 앞당겨라!

연예인 지망생 혹은 신인이 궁금한 건 '언제 데뷔 작품을 찍나?', '난 언제 주인공이 될 수 있을까?' 등이다.

그렇게 처음엔 대사도 별로 없는 '행인3' 정도로 시작해 매 작품마다 비중이 커지면서, 주연 배우와 어깨를 나란히 하는 '주조연'이 되는 날을 기다린다. 그리고 어쩌다 기회를 잡으면 금세라도 '주연'을 맡을 거 같은 마음이다. 물론 그건 환상이 아니라 언젠가는 다가오는 현실일 수 있다. 문제는 지금이다. 지금은 조바심을 낼 때가 아니다.

배우는 여러 종류가 있는데, 우선 주연 배우를 살펴보자

모든 사람들이 꿈꾸는 가장 완벽한 첫 번째 경우는, 누가 봐도 뛰어나게 잘생기거나 예뻐서 덜컥 청춘물의 주연으로 데뷔하는 것이다.

이런 배우는 무조건 연기력 논란의 관문을 거쳐야 한다. 실력도 경력도 없이 주연부터 떠맡았기 때문에 '외모는 출중하지만 연기력은 빵점'이라는 '생일빵'부터 맞고 시작하는 것이다. 우리가 알고 있는 한국의 모든 잘생기고, 예쁜 배우들은 거의 이런 경우다.

두 번째는, 그럭저럭 괜찮은 외모에 나름대로 무명과 조연의 시간을 몇 년 거친 뒤 주연 자리에 올라서는 경우다.

세 번째는, 썩 뛰어난 외모는 아니지만 월등히게 뛰어난 연기력으로 일정기간 무명 시절을 거쳐 개성파, 연기파 배우로 자리 잡는 것이다. 이런 배우는 정통 멜로에는 썩 어울리지 않지만 그렇다고 못할 것도 없다. 무엇보다 강점은 모든 장르의 역할을 휘뚜루마뚜루 맡을 수 있을 만큼 팔색조의 연기력과 개성을 갖췄다는 데서 변별성을 갖춘다.

송강호, 황정민, 최민식, 김윤석, 이희준, 조승우 등을 예로 들고 싶다. 또한, 젊은 배우들 중에도 이런 배우들이 많이 등장하고 있는데 반가운 일이다.

다음은 대부분의 작품에서 꼭 필요한 주연급 조연 배우다

개성으로만 따지면 주연에 결코 뒤지지 않는다. 주연이 1년에 1~2편 찍는다면 조연은 두세 배 이상도 가능하다. 게다가 작품의 색깔과 스케일에 따라 언제든지 주연으로 신분 상승도 가능하다.

평범한 외모에서 독특한 캐릭터까지 연기력으로 소화할 수 있는 실력파 배우, 자신만의 개성으로 캐릭터를 완성하는 배우, 주연과 같은 호흡으로 하나의 작품을 완성하는 조연 배우들도 많다.

형사 전문, 조폭 전문, 임원 전문, 검사나 공무원 전문, 범인 전문처럼 독특한 캐릭터를 자신의 이미지로 굳히면서도, 여러 작품에서 팔색조 같은 변신을 선보이는 배우들은 자신만의 탄탄한 고지를 만들어 놓은 셈이다.

마지막으로 영원한 조연, 단역이다

연기력과 개성은 당연히 필수다. 문제는 운이 들어오는 시기다. 소속사와 인연이 안 맞든지, 운이 없어 안성맞춤인 작품을 못 만났든지 해서 꽤 오래 무명시간을 견뎌야 하는 경우다. 그래도 괜찮다.

가수는 무명이 길면 성공까지의 거리도 멀어지고, 설사 대기만성으로 성공하더라도 지속되기 어렵다. 노래 한 곡 반짝하고 사라지는 가수가 얼마나 많았던가? 여기에 비하면 배우는 연기력과 개성을 갖추고 있어서 포기하지 않으면 언젠간 성공을 잡을 수 있다.

만약 그렇게도 못할 거라면 다른 길을 찾는 게 맞다. 여기까지가 마지노선이다.

지금까지 구체적으로 배우의 종류를 예로 든 이유는 스타가 되는 '때'를 어떻게 준비할지에 대해 말하기 위해서다. '기회'는 여러 번 오기도 하고 한참 뒤에 오기도 한다. 하지만 일반적으로 스타가 되는 경우는 '운'도 필요하다. 그런데 '때'라는 건 기회나 운과는 좀 다르다.

자신이 정우성, 조인성이나 전지현, 김희선이 아니라면 기대할 수 있는 그 '때'라는 건 자신의 실력이 갖추어졌을 때 제대로 진가를 발휘할 수 있다.

때를 앞당기기 위해 남들보다 몇 배 더 많은 노력을 기울여야 한다. 누구도 소화할 수 없는 자신만의 개성과 실력, 그게 최고의 무기다. 가장 경쟁력 높은 무기를 장착한 사람이 기회를 잡을 가능성이 높다.

당신은 때를 기다릴 건가, 앞당길 건가?

★ 때를 기다려라?
  스타가 되는 '때'는
  '기회'나 '운'과는 다르다.

★ 때를 앞당겨라!
자신이 정우성, 조인성이나
전지현, 김희선이 아니라면
스타가 되는 '때'라는 건
자신의 실력이 갖추어졌을 때
제대로 진가를 발휘할 수 있다.

★ 영화 촬영 현장 _배우 김민주.

될 때까지 끊임없이
단련하라

어떤 분야건 정상의 자리에 올랐을 때 그 자리를 오래 지키는 건 힘들다. 그렇게 하려면 '잘나야' 되는 것이 아니라 '잘해야' 된다.

잠시 '반짝' 하고 스타가 되는 건 가끔 일어날 수 있다. 물론 이 역시 쉬운 일은 아니지만 행운을 잡았든, 시대의 흐름이 맞았든, 아니면 본인의 실력 때문이든 '반짝' 하고 처음으로 빛을 발하는 때가 올 수 있다.

처음에는 그것이 그냥 지나가는 유성에 불과한 것인지, 계속 자리를 잡을 스타인지 파악하기 어렵다. 하지만 시간이 가면 갈수록 그 자리에 계속 있다는 것 자체만으로도 얼마나 힘든 일인지를 알게 된다.

스타는 스스로 빛나지 않는다고 했다. 스타로 살아가기 위해서는 자신을 빛내주기 위해 노력하는 사람들을 소중히 생각해야 한다. 또한, 대중의 관심과 애정을 받도록 끊임없이 노력해야 한다.

배우 중에 10년 이상 스타의 자리에 있는 이들은 분명 다른 이들과 다른 점이 있다.

가끔 배우들을 대상으로 영어, 중국어, 일어 등의 다양한 외국어 교육을 실시할 때가 있다. 아주 어린 '아이들'이 아니고서는 이런 교육의 출석은 배우들의 자율에 맡기는 편이다.

그런데 신인 배우들의 출석률이 가장 높을 것 같지만 그렇지 않다. 10여 년 된 기존 배우들은 작품 스케줄이 있을 때는 참석이 불가능하지만, 촬영 일정이 겹치지 않는다면 절대 빠지지 않는다. 그들도 빠지고 싶은 마음이 왜 없겠는가? 하지만 그들은 본인에게 필요하다고 판단한 것이라면 절대 빼먹지 않고 성실하게 임한다.

이에 반해 신인들은 이런저런 핑계를 대고 출석일수의 절반도 채우지 못한다. 오랫동안 정상을 지키기 위해서는 모든 일에 임하는 자세부터 달라져야 한다는 걸 알 수 있다.

스타는 여러 경로로 탄생한다. 데뷔작에서 운좋게 강한 인상을 주는 역할을 맡아서 곧바로 주조연급 스타로 발돋움하는 경우도 있고, 영화나 드라마 속에서는 별로 두드러지지 않았는데 예능 프로그램을 잘 만나 스타가 되기도 한다.

아이돌그룹 가수의 경우, 요즘은 오디션 프로그램이 대세다. 수많은 오디션 프로그램에 운명을 걸었다가 좌절하는 이도 있지만, 결국 새로운 스타는 쏟아져 나온다. 그래서 많은 이들이 마치 전쟁 같은 수많은 오디션에 도전한다.

「슈퍼스타K」로 시작해 「K팝스타」, 「고등래퍼」, 「프로듀스101」 등 수많은 오디션 프로그램에서 스타를 배출했다.

가능성은 뛰어나지만 아직 빛을 보지 못했던 101명에서 11명의 스타가 탄생한 '워너원'을 보면, 가능성과 능력이 어떤 기회를 만나느냐에 따라 인생이 달라진다는 것을 알 수 있다.

똑같은 사람이라도 어떻게 포상하느냐에 따라 달라지는 것이다. 물론 기본적인 자질을 인정받아야 101명 안에 들어갈 수 있고, 치열한 경쟁을 통해 11명 안에 들어간다. 대중이 직접 뽑은 스타라는 점은 매우 값진 스타 탄생의 배경이다. 덕분에 워너원에 대해선 좋은 평가가 많다.

오디션 프로그램이 아닌 다른 방법으로 스타 가수가 탄생하는 경우도 있다. 대형 소속사에서 수년간 연습생으로 탄탄한 실력을 닦은 끝에 스타로 자리매김을 하는 경우도 있고, 뚝심으로 한 매니저나 한 소속사만 믿고 따라간 끝에 스타가 되는 경우도 있다.

한편, 배우는 아이돌그룹으로 데뷔해 유명해진 뒤 영화나 드라마의 주역에 발탁되는 경우, 뛰어난 외모로 빠르게 청춘스타의 반열에 오르는 경우, 그리고 오랫동안 배우 한 우물만 판 끝에 스타덤에 오르는 경우 등 다양하다.

스타는 만들어지기도 하지만 운도 따라야 한다. 하지만 가만히 있으면 그 운은 나에게 다가오지 않는다. 운을 개척하려면 분명 남다른 노력이 필요하다.

이런 스타 탄생의 과정은 항상 대중은 물론 업계의 평가를 받는다.

신인 아이돌그룹이 등장하면 청소년들은 그늘의 여러 면모에 대해 각사 평가한다. 특히, 아이돌 출신 배우에 대해선 매우 혹독한 평가를 한다. 반면에, 배우라는 한 우물만 판 끈기와 소신을 가진 젊은 배우들에게 후한 점수를 주기도 한다.

그러니 대중의 평가에 당당해질 수 있도록 자신의 위치에서 끊임없이 실력을 단련하자.

★ 될 때까지 끊임없이 단련하라.
운을 개척하려면 분명 남다른 노력이 필요하다.

자신을 적극적으로
마케팅하라

스타는 어떤 기준으로 그 존재 가치를 평가받을까? 지금처럼 연예매체나 SNS 등의 미디어나 대화의 장이 활발하지 못했던 예전엔 신문에 실린 연예인 기사의 크기나 위치, 그리고 제목의 크기 등으로 그 가치를 가늠하곤 했다.

요즘에는 영화나 드라마에 많이 출연하지 않더라도, 다양한 매체에 출현하며 대중에게 관심을 받고 스타가 되기도 한다. 이처럼 신인이 스타가 되기 위해 가장 필요한 것이 '대중의 관심'이므로, 연예소속사들은 대중의 관심을 집중시키고자 다양한 방법을 동원한다.

신인이 작품에 출연해 연기를 잘하면 관심이 높아지기 마련이다. 그런데 그렇지 못하거나 조금 더 빨리, 더 크게 이슈를 만들기 위해 '노이즈 마케팅'을 하기도 한다. 좋은 소식보다 더 빨리 전파되는 '노이즈(논란거리)'가 빠르게 지명도를 높일 수 있는 건 맞다. 그래서 소속사가 그 유혹을 떨치는 게 쉽지 않는데, 오히려 역효과로 이미지가 상한다는 덫에 빠질 수도 있다.

한편, 간혹 여배우가 좋은 배역을 얻으려면 성접대를 해야 성공할 수 있다고 생각하는 경우가 있는데, 매우 잘못된 것이다. 만약 성접대로 인해 캐스팅이 되고 성공하더라도 결코 오래가지 못한다.

연예인 지망생이라서 빨리 데뷔도 하고 스타도 되고 싶은 마음이 크다. 이것을 이용해 이른바 '갑질'하는 부당한 요구는 절대 수용하면 안 된다. 요구를 받아들이지 않으면 연예계 생활이 끝날 것 같아도 자신에게 주어진 곳에서 최선을 다하면 기회는 반드시 주어진다. 그때를 위해서라도 자기 자신을 잘 지키며 실력을 쌓아가야 한다. 가장 중요한 것은 실력임을 명심하자.

또한, 유명인이 어느 순간 마음에 안 든다고 성추행범으로 몰아가는 경우도 종종 생기고 있다. 말할 것도 없이 이것 역시 범죄다.

대중의 관심을 유도하고 좋은 이미지로 각인되게끔 만드는 마케팅은 스타가 되기 위해서나 스타가 된 이후에도 굉장히 중요하다. 젊은 스타 중에는 SNS 활동에 적극적인 이들이 많다. 팬들과 직접 소통하고자 하는 것이다.

스타들은 작품이나 무대를 통해서 대중과 교류할 수 있다. 그런데 직접 무대에 올라 청중과 대화를 하는 가수와 달리, 배우는 작품을 찍고 나서 극장에서 상영되거나 TV에서 방송되더라도 대중과 함께 호흡하기 힘들다. 그래서 대중에게 배우는 매우 신비롭고 속을 알기 힘든 타인이기 쉽다. 배역 때문에 오해를 받을 수도 있다.

그러나 SNS 등으로 대중과 직접 소통하고 인간적인 모습을 보여준다면, 대중이 열성팬이 될 가능성이 높아진다. 그래서 스타들이 SNS에 공을 들인다.

아직 신인이라면 시청자는 주인공만 기억하지 신인에겐 관심도 두지 않는다. 아무리 영화에서 씬 스틸러 역할을 맡았다고 하더라도 언론이 관심을 갖지 않는다면, 자신을 홍보할 기회는 없다. 이럴 때 필요한 게 바로 인터넷이다.

연예인 지망생, 신인 시절은 마케팅에 모든 걸 쏟아부을 때다. 여기서 정상급 스타로 발돋움하느냐, 아니면 그 자리에 정체해 있느냐의 갈림길이기 때문이다. 셀프 마케팅을 통해 앞으로 팬들에게 어떻게 더 가까이 다가갈 계획인지, 솔직하고 친근하게 온라인으로 소통하는 게 중요하다.

요즘은 스타를 동경하는 만큼 스타가 겸손하게 행동하며 모범을 보이기를 기대하는 마음도 강해졌다. 스타가 됐다고 대중을 깔보거나, 자신보다 인기가 낮은 연예인을 무시하거나, 심지어 드러내놓고 으스댄다면 대중은 냉정하게 등을 돌린다.

스타가 되는 길은 다양해졌지만 이를 유지하는 방법은 예나 지금이나 똑같다.

실력은 기본이고 인성이 먼저다. 높은 곳을 향하는 눈도 중요하지만 자신의 초심을 튼튼하게 딛고 서 있을 두 발도 중요함을 잊지 말자.

소속사와 홍보대행사 등에서 홍보와 이미지 관리를 해주긴 하겠지만,

그런 상투적인 내용을 대중은 진지하게 받아들이지 않는다. 으레 있어온 홍보 방식이란 걸 잘 안다.

하지만 자필로 쓴 편지를 사진으로 찍어 SNS에 올리고 소소한 일상을 팬들에게 알리는 서비스를 펼친다면, 팬들의 충성도는 날로 높아질 것이다.

 아직 소속사도 없다면 작품이나 오디션 정보는 어디서 얻나요?

요즘은 연예 관련 사이트에서 많은 정보를 수집할 수 있다. 영화진흥위원회가 발표하는 소식(제작진행표 등), 공중파나 케이블 방송국 드라마 편성표, 언론을 통해 배포되는 캐스팅 기사처럼 많은 정보가 있다.

연예인 지망생들끼리 정보를 공유해도 좋지만, 현장에서 발로 뛰며 맺은 인맥을 통해 정보를 얻을 수도 있다. 이처럼 발빠른 정보 수집과 인맥 관리 또한 연예인 지망생이 해야 할 일이다.

★ 나를 적극적으로 마케팅하라.
젊은 스타 중에는 SNS 활동에 적극적인 이들이 많다.
팬들과 직접 소통하고자 하는 것이다.

지치면 지고
미치면 이긴다

2001년에 개봉한 영화 「와이키키 브라더스」는 꿈을 꾸는 젊은 청년들의 고달픈 현실을 사실적으로 다루었다. 그 영화 속에 무명으로 참여한 이들 중에는 지금 스타가 된 '흥행배우'가 많다.

이 영화는 당시 출연한 무명 배우들의 상황이 영화 속 캐릭터의 상황과 잘 맞아서 멋진 영화가 만들어졌다.

출연 배우로는 이얼, 황정민, 류승범, 박원상, 박해일, 오광록, 오지혜 등이 있다. 그들은 음악을 사랑해 음악으로 인정받기 위해서 꿈꾸는 젊은 청춘들의 이야기에 맞는 배우였다. 음악과 연기만 다를 뿐, 젊은 청춘이 무명이지만 자신의 꿈을 펼치고 싶은 맥락은 비슷했기에 그들의 연기가 더욱 빛을 발했다.

이 영화는 당시 흥행에 성공하진 못했지만 좋은 작품으로 인정받았고, 무명 배우들을 세상에 알려 성장의 발판을 마련했다. 당시 출연 배우들은 대부분 무명이었지만 지금은 스타가 되기도 했다.

영화에 출연한 '무명배우 황정민'은 그 당시에도 지금처럼 열정을 가지고 훌륭한 연기를 했다. 그리고 이제는 '흥행배우 황정민'이 되어 있다.

당시 그 배우들이 조급한 마음으로 빨리 스타가 되기만을 꿈꾸었을까? 분명 아닐 것이다. 그들은 단지 스타를 꿈꾸기 이전에 배우로서 작품에 빠져서 연기했고, 배우라는 직업을 즐겼기 때문에 지금 스타가 된 것이다.

누구나 자신이 원하는 것을 얻고자 하면 자꾸 조급해진다. 데뷔를 했는데, 몇 년 차인데, 나이가 몇인데 등 자신의 생각보다 잘 되지 않아서 조급해질 수 있다. 그래서 자신의 꿈에 대해 가치관이 흔들리거나 불안해지면서 지치게 된다. 하지만 지금 실력을 키우는 과정을 즐긴다면 상황은 바뀔 수 있다.

스타는 꿈꾼다고만 되는 것이 아니다. 진심으로 한 작품, 한 작품, 최선을 다해 즐기면, 지금 스타들처럼 훌륭한 배우로 인정받고 활동할 날이 올 것이다.

★ 시상식 '아시아태평양 스타 어워즈(APAN Star Awards)'의 모습.

언젠가
기회는 온다

소망이 크면 걱정도 커진다. 연예인 지망생은 스타가 되고 싶은 마음만큼이나 꿈을 이룰 수 없으면 어쩌나 하는 걱정도 크다. 하지만 언젠가 기회를 잡을 수 있도록 당당하게 맞서기 바란다.

희망과 절망은 누구에게나 있지만 그것을 어떻게 생각하고 받아들이는가는 결국 각자의 몫이다. 희망도 절망도 다양한 모습으로 우리에게 다가온다. 연예인이라고 해서 누구에게나 있는 걱정이 없을 리가 없다.

예를 들면, 연기는 하고 싶은데 출연료가 너무 적어 생활고에 시달리는 경우, 경제적인 어려움은 없는데 연기력이 없어 캐스팅이 안 되는 경우, 업계에서 활동은 하지만 정작 대중이 알지 못하는 무명 배우인 경우 등 각자 나름대로 고통 하나쯤은 가지고 있다.

연예 활동을 하는 이들은 수십만 명에 이르지만, 실제 대중이 알아볼 정도로 왕성한 활동을 펼치는 연예인은 천여 명에 불과하다. 그만큼 성공 확률이 낮은 분야다. 업계의 인정, 스스로의 인정, 그리고 대중의 인성까지, 연예계 종사자들은 다른 직종보다 더 큰 짐을 짊어졌다.

하지만 좌절할 필요는 없다. 우리가 꿈꾸는 이 업계는 매우 유동적으로 변하기 때문이다. 기회는 언제 찾아올지 예측이 불가능하다. 누군가에게는 빨리 찾아오고, 또 누군가에게는 너무 늦게 찾아온다.

최근 연예계에선 오랜 시간 무명이었지만, 좋은 기회를 만나 인지도가 생기고 스타가 되는 경우를 종종 본다.

방송인 조세호는 '양배추'라는 예명으로 많은 프로그램에 출연하며 활동했지만 인기를 얻지 못했다. 그럼에도 불구하고 꾸준히 노력했다. 그러던 중 예능프로에서 "너 안재욱 선배 결혼식에 왜 안 갔어?"라는 황당한 물음에 "모르는데 어떻게 가요!"라고 답하면서 억울한 표정을 지어 화제가 됐다.

단순한 대화가 조세호를 '불참의 아이콘'으로 만들었고, 당황한 표정과 대답은 단숨에 유행어가 됐다. 방송에서 솔직한 모습이 인기를 얻은 것이다. 그렇게 호감 방송인으로 이미지가 올라갔고, 순수한 그의 활약에 대중이 좋아하기 시작했다. 조세호는 대중이 기대했던 모습 그대로였다. 실제로 친절했고, 솔직했고, 순수했다. 그렇게 있는 모습 그대로를 보여주며 사랑받는 방송인이 됐다.

다른 예로 이제는 예능인이 된 가수 이상민을 살펴보자. 큰 사업 실패로 재기가 불가능할 것이라 여겨졌던 이상민은 90년대 가요계에 획을 그은 스타였다. 유명 가수이자 제작자, 사업가로 활약했던 그는 큰 성공만큼이나 큰 실패를 겪었다.

하지만 솔직한 스타를 선호하는 요즘 트렌드에 맞게, 이상민은 생활고를 드러내고 재기하고픈 절실함을 솔직하게 대중에 어필했다. 그리고 그의 진솔함은 대중의 마음을 흔들었다. 동정을 넘어 대중의 응원이 이어진 이상민의 성공 이유는 무엇일까? 대중은 이제 선망이 아닌 공감의 아이콘을 원하고 있는데, 이것이 바로 기회였다.

또한, 마흔이 넘어서 인정받는 배우도 늘고 있다. 영화 「범죄도시」에서 맛깔난 조선족 깡패로 출연한 배우 진선규는 이 작품에서 연기력을 인정받았다. 대중들이 그를 진짜 조선족 '깡패'로 생각할 정도로 인상 깊은 연기를 한 것이다.

그리고 그는 어느 영화 시상식에서 조연상을 수상하면서 기쁨의 눈물을 흘려 감동을 주었다. 사실 그는 수많은 작품에서 단역, 조연으로 활동한 배우였다. 그처럼 오랫동안 배우로서 자부심을 갖고 열심히 활동한 배우가 인정받게 되어 필자도 매우 기뻤다.

지금도 수많은 무명 배우와 신인 배우들이 배가 고프더라도 배우라는 직업을 사랑하며 활동하고 있다.

스타가 되기 전 수십 년의 무명 세월을 겪어야만 했던 연예인에게도, 한 시대를 풍미한 정상의 스타에게도 모두 절망과 위기는 찾아온다. 그러나 앞의 사례처럼 절망과 위기를 어떻게 기회로 삼아 뛰어넘는가가 중요하다.

낮은 자리나 높은 자리나 항상 자신의 꿈을 잃지 않고 좌절하지 않으려는 노력과 인내만 있다면 다시 일어서지 못할 이유는 없다.

긍정적인 마인드와 인내심, 그리고 자신의 부족함을 채워가는 성실함이 결국 기회를 만들 것이다.

Q 주변에 연예인이 되고 싶어 하는 친구가 많습니다. 서로 고민도 상담하고 의지가 되는데요. 더 많은 사람을 만나서 이야기를 듣고 싶기도 해요. 배우가 되려면 어떤 사람들과 교류하는 게 좋을까요?

A 존경할 수 있는 사람을 만나라! 지금 좋아하는 배우도 있고, 존경하는 배우도 있을 것이다. 두 모델이 일치한다면 따로 정할 필요가 없이 그가 롤모델이지만, 다르다면 존경하는 배우를 목표로 정한다. 나중에 그와 나란히 하겠다는 꿈, 그래서 그와 비슷한 길을 걷겠다는 꿈을 설정한다.

하지만 지금 당장 그를 만날 수는 없다. 따라서 주변에서 롤모델과 비슷한 사람을 찾아 멘토로 삼아라. 그중엔 선배 배우도 있을 것이고 대중문화 전문가도 있을 것이다. 그렇게 찾다 보면 한 명이 아니라 여러 명이 될 수도 있다. 그들과 교류하며 자신을 발전시켜 나가야 한다.

또한, 인성이 올바른 사람, 정직한 사람, 긍정적인 사람, 자신에게 칭찬보다 충고를 해줄 수 있는 사람을 만나라.

Q 많은 스타들이 어떻게 생활하는지 옆에서 지켜보신 걸로 압니다. 스타 배우들은 작품이 없을 때 주로 무엇을 하나요?

A 스타들은 각자의 개성과 삶의 패턴이 매우 다양하다. 하지만 공통점도 존재한다. 그건 쉴 때도 발전을 위해 노력하는 모습이다.

일단 한 작품이 끝나면 작품을 하는 동안 동고동락한 동료들과 여행을 떠나는 경우가 있다. 그게 아니라면 가족 여행을 가기도 한다. 아주 평범한 일상으로 돌아가 일반인처럼 지인들과 여가 활동을 즐기기도 한다. 그렇다고 놀기만 하진 않는다.

우선 책을 많이 읽는다. 독서 패턴이야 제각각이지만 다음 작품과 배역을 위해 관련 책을 읽는 건 필수다. 또한, 평소 관심이 많았던 분야나 자신이 부족했다고 느끼는 부분을 채우기 위해 책을 읽기도 한다.

여러 작품을 반복해서 보며 연기 공부를 하기도 하고, 내공이 쌓인 선배를 찾아가 도움을 청하는 경우도 있다.

한편으로, 어떤 배우는 차기 작품을 매니저나 소속사에 맡기기도 하지만, 어떤 배우는 직접 발품을 팔아 정보를 수집하고 마음에 드는 작품이 있으면 직접 감독이나 제작사를 만나기도 한다.

이른바 충전을 한다고 하는 말은 단순히 쉬는 것만이 아니라, 눈에는 안 보이지만 나름대로 열심히 다음 작품을 준비한다는 의미다.

Q 데뷔해서 바로 스타가 되면 좋겠지만 대부분은 언제가 될지도 모르는 꿈을 꾸며 무명 시절을 견뎌야 하는데요. 이 시간을 어떻게 견뎌야 할까요?

A 자신에게 주어진 환경만 탓하고 있으면 불행은 가깝고 행복은 멀어진다. 어떠한 상황이든 자신에게 주어진 시간과 조건들을 받아들이고 즐기자. 지금의 외로운 시간은 곧 찾아올 행복을 위한 밑거름이라고 생각하고, 현재 자신이 가진 시간 안에서 할 수 있는 모든 일을 즐기자. 연기만 준비할 게 아니라 도움이 될 만한 다른 것들도 배우자.

긍정은 긍정적인 결과를, 부정은 부정적인 결과를 낳을 뿐이다. 부정적인 현실을 불안해하기만 한다면 결국 지쳐 쓰러진다. 성공한 사람들은 다 고생 끝에 낙을 봤다. 자신이 성공한 뒤엔 지금의 시간을 절대 가질 수 없다. 그러니 시간이 충분할 때 하고 싶은 것, 꼭 해야 할 것, 하면 좋은 것들을 닥치는 대로 배우고 익히자.

Q 막상 연예인이 되려고 하니 레슨비로 이것저것 돈이 많이 드네요. 연예인을 준비하면서 하기 좋은 아르바이트가 있을까요?

A 자신이 되고자 하는 분야에 도움이 되고 건전한 것이라면 당연히 아르바이트 경험을 하는 게 좋다. 그러나 연예계 관련 업무를 구하기는 쉽지 않다. 따라서 나름대로 기준을 세우고 아르바이트를 해보자.

예를 들어, 편의점 아르바이트는 나중에 그 역할을 할 수도 있다고 생각한다면 그 시간이 결코 헛되지 않을 것이다. 특히 골프장, 승마장, 스키장 같은 곳의 아르바이트는 여러 배역에 적용될 수 있으니 즐겁게 해보자. 일반인들이 잘 접하기 어려운 전문직, 특수한 직업 등의 아르바이트도 도전해보자.

만약 손님을 응대해야 하는 일이라면 마치 연기하듯 힘차게 손님들에게 인사하면서 대화도 건네면 좋은 경험이 될 것이다.

나중에는 여건이 안 맞아 하기 힘든 일들이니 긍정적인 생각을 갖고 즐기면서 하자.

Q 갓 데뷔한 연기자입니다. 아직 단역으로 열심히 활동 중인데요. 언제까지나 무명을 견딜 수는 없을 텐데 몇 년까지 괜찮을까요?

A 그건 마치 자신이 이제 막 입사를 했는데 "몇 년 근무하면 내 집을 마련할

수 있겠느냐", "어떤 장사를 얼마나 해야 부자가 될 수 있겠느냐"고 묻는 것과 같다. 냉정하게 대답하면 어리석은 질문이다. 왕도는 없다. 단, 노력하는 자에게 기회가 더 빨리, 더 많이 찾아오는 건 맞다. 인내할 줄 아는 사람이 승리할 확률이 높은 것도 맞다.

굳이 답해 달라면 필자는 10년이라고 말하고 싶다. 어떤 분야든 최소한 10년은 해야 그 분야에서 어느 정도 실력을 인정받고 노력했다고 할 만하다. 배우도 마찬가지다. 만약 10년을 넘게 했음에도 아직 변변한 작품 하나에 출연하지 못했거나, 그 누구에게도 실력을 인정받지 못하고 있다면 다른 길을 택하는 게 낫다.

Q 꿈을 포기할 수는 없지만, 기회가 계속 안 주어진다면 어떻게 해야 할지 고민입니다. 연예인은 아니더라도 연예계에서 할 만한 일이 있을까요?

A 일반인이 연예계에서 일하다가 연예인이 되는 경우가 있다. 반대로, 배우를 꿈꾸었지만 다른 재능을 발견하고 연예계의 다른 직업을 갖게 되는 경우도 많다. 연예인을 꿈꾸었다고 해서 누구나 반드시 연예인이 되는 건 아니다.

개그맨 정준하처럼 매니저 일을 하다가 연예인이 되는 경우가 있는 반면에, 연예인을 꿈꾸던 이들 중에 유명 작가, 잘나가는 감독, 기자, 방송국 직원 등으로 활동하는 경우도 있다. 물론 그들은 크게 분야를 벗어나지 않고, 상당수가 연예계 종사자로 일하고 있다.

이처럼 연예인에서 연예계 종사자로 진로를 바꿀 수 있는 직종은 매니저를 비롯해 작가, 감독, 각 분야의 스태프 등이다. 또한, 방송국에는 연예계 다양한 분야의 전문가를 필요로 하는 부서가 많다.

Q 연예 활동을 할 기회가 주어졌을 경우에 좋은 작품을 고르는 방법이나 알맞은 역할을 찾는 방법이 있을까요?

A 신인이 좋은 작품을 고르기란 쉽지 않다. 이때 자신에게 알맞은 역할은 자신이 하고 싶은 역할이 아니라, 자신이 가장 잘할 수 있는 역할이다. 준비도 없이 큰 역할을 무턱대고 맡아서 실망시키는 것보다 작은 역할이라도 최선을 다할 수 있는 것이 좋다.

흥행할 만한 작품에 출연하고 싶은 건 당연하다. 그러나 흥행 가능성을 따지기보다는 자신이 가장 잘 소화할 수 있는 배역과 작품을 찾는 것이 좋다. 그러면 자연스레 상업적인 성공도 따라온다.

당신의 꿈이
반드시 이루어지길 바란다

이 책은 연예인을 꿈꾸고 막 연예계에 입문하는 이들에게 연예계 현장에 있는 선배로서 도움을 주고자 하는 마음으로 시작됐다. 연예인은 대중과 실시간으로 호흡하는 직업이다 보니, 연예계 입문에 대한 정보는 이미 넘쳐난다.

하지만 정작 연예인 지망생에게 각 단계별로 코칭을 하거나 실제 현장의 이야기를 하며, 진정한 '스타의 조건'이 무엇인지 말하는 이는 부족하다.

사실 필자는 연예인이 되기 위한 방법에 대해 무수히 많은 질문을 받았다. 그 질문을 바탕으로 이 글을 쓸 수 있었다. 전문적으로 글을 쓰는 사람이 아니어서 마무리를 지으려 해도 계속 부족한 기분이다.

그동안 많은 이들이 동경하는 연예인이라는 꿈을 쉽게 생각했다가 좌절하는 경우를 볼 때 무척 안타까웠다. 그들의 소중한 꿈이 헛된 꿈이 되지 않기를 바라며 이 책이 도움이 됐기를 바란다. 또한, 필자가 특별하고 대단해서 이 글을 쓴 것이 아니라는 것을 거듭 말하고 싶다.

　필자는 매니저 생활을 시작하며 두 발로 뛰는 현장에서 신인 배우가 어떻게 스타로 성장하는지 온몸으로 느꼈다. 초기에 배우 김보성의 스케줄을 맡아 운전을 하며 현장을 익혔고, 당시 최고의 하이틴 스타였던 배우 김민종의 매니저로 일하며 스타가 얼마나 매력적인 대상인지 알게 됐다.

　또, 신인 배우 심은하(MBC 공채 22기)가 연이은 작품 흥행으로 한순간에 인기스타가 되는 모습을 지켜보고, 신인 배우 최지우(MBC 공채 23기)를 담당하며 매니저라는 직업에 자부심과 희열을 느꼈다. 그렇게 배우가 성장하는 만큼 매니저로서 성장할 수 있었다.

　신인이 스타가 되는 과정을 함께 걸어온 사람으로서 가장 가까운 곳에서 그들을 지켜보며, 아찔하고 특별한 경험도 많이 했다. 늘 성공만 있는 건 아니었다. 때론 실패의 눈물도 흘리고, 다시 도전해서 성과를 얻었을 때 동고동락한 연예인과 뜨거운 눈물도 흘려봤다.

　신인이 스타가 됐을 때의 기쁨은 말로는 표현할 수 없다. 그런데 그 승리의 기쁨과 성취감은 반드시 보장된 게 아니다. 냉정하게 이야기하자면 확률이 그리 높지 않다.

　그럼에도 불구하고 이 책을 쓰는 이유는 각자의 직업과 환경을 떠나 어려울 때일수록 필요한 것이 '희망'이란 것을 믿기 때문이다. 그리고 감히 진정한 스타의 조건이 '인성', '멘탈', '실력'이라는 걸 강조하고 싶었다.

수많은 이들이 꿈꾸고 대중이 눈여겨보는 연예계는 빠르게 변한다. 강력한 힘을 가진 문화강국으로 빠르게 성장했지만, 체계적인 시스템, 지원 사업 등 부족한 부분들이 많기도 하다. 이제는 보다 나은 교육 환경과 올바른 정보를 주는 체계적인 시스템이 확립되어야 할 시점이다.

그리고 필자가 할 수 있는 일이 무엇일지 고민해보았다. 그중 하나가 연예인 지망생들이 이 분야를 더 정확하게 이해하고 도전할 수 있도록 돕는 것이다. 그래서 진실된 것들을 담아내려 노력했다.

무언가 필요할 때마다 펼쳐볼 수 있고, 선택이 필요할 때마다 되새길 수 있는 문장이 이 책 어딘가에 있기를 바란다.

미래의 후배들에게

바른 생각과 뜨거운 열정을 지닌 당신이

거친 길에서 넘어져도 일어설 수 있는 용기와 믿음을 가지고,

나쁜 것에 현혹되어 피해 입지 않고

뜻한 바를 향해 나아갈 수 있는 신념을 가지길 바라며,

초심을 잃지 않고 속 깊은 연예인이 되길 바란다.

한국 대중문화예술산업의 미래인 당신의 꿈이 반드시 이루어지길 바란다.

| **부록 1** | 연예계 전문가의 이야기

- 브로드웨이의 전설 _이응진
- 연기학원을 선택하는 노하우 _신성균
- 연예인이 되고자 한다면 이유와 목표를 찾아라 _유진모
- 연예인 되기가 서울대 입학보다 어렵다? _조현정
- 꿈에 도전하는 이에게 필요한 세 가지 키워드 _이창민
- 추천의 글

브로드웨이의
전설

이웅진

한국드라마연구소 소장이자 이화여자대학교 교수, KBS TV본부 본부장, KBS 드라마국장을 역임했다. KBS 재임 시 「아이리스」, 「추노」, 「제빵왕 김탁구」, 「성균관스캔들」, 「공부의 신」 등을 기획, 방송했다. 주요 연출작품으로는 한국 드라마사상 최고 시청률을 기록(65.8퍼센트)한 KBS 주말연속극 「첫사랑」을 비롯해 「딸 부잣집」, 「그해 겨울은 따뜻했네」 등이 있다.

시카고대학교에서 법률을 공부하던 여학생이 있었다. 졸업을 앞둔 어느 날, 그녀는 갑자기 배우가 되고 싶은 강한 충동을 느꼈다. 그래서 운명처럼 다가온 배우라는 직업을 향해, 졸업식을 마치자마자 보따리를 싸서 뉴욕행 밤기차에 몸을 실었다.

브로드웨이에 도착한 그녀는 흥분했다. 거리에 즐비하게 늘어선 극장에선 유명한 뮤지컬들이 공연 중이고, 곳곳에 매니지먼트 사무실과 캐스팅 오피스가 있었다.

"이곳에 잘 온 거야. 머지않아 내 꿈이 실현될 거야!"

카페 이곳저곳에선 잘생긴 청춘남녀들이 삼삼오오 둘러앉아 연극과 영화로 이야기꽃을 피웠고, 이름난 배우와 감독도 보였다. 웨이터나 웨이트리스도 모두 잘생긴 미남, 미녀들이었다.

그녀는 전략을 세웠다. 뉴욕 맨해튼의 명물 엠파이어스테이트 빌딩을 배경으로 사진을 찍어 이력서를 만들고, 모든 캐스팅 오피스에 뿌렸다. 이력서에는 추신까지 달았다.

"기회를 주시기만 하면 만족을 드리겠습니다."

그녀는 중고 자전거를 사서 매일 아침 캐스팅 오피스를 돌며 배역 제의가 왔는지 확인했다. 한 달이 가고 두 달이 갔다. 그녀는 우선 먹고살아야 했기 때문에 아르바이트 자리를 구하기로 했다. 그때서야 브로드웨이 카페의 잘생긴 웨이터와 예쁜 웨이트리스들이 모두 자기와 같은 처지의 선배라는 걸 눈치챘다.

마침 뉴욕 법과대학에 조교자리가 나서 밥벌이는 할 수 있었다. 언젠가는 그런 역할도 할 기회가 올 거라 생각하고 열심히 일하며 생활했다. 그녀는 일하면서도 비가 오나 눈이 오나 하루도 거르지 않고 매일 아침 자전거를 타고 캐스팅 오피스를 돌고 돌았다.

그렇게 40년 세월이 흘렀다. 지금도 브로드웨이엔 아침마다 자전거를 타고 달리는 이가 있다. 바로 그녀다. 달라진 게 있다면 젊은 아가씨가 할머니가 됐고, 조교가 교수로 바뀌었을 뿐이다.

배우의 꿈을 안고 뉴욕행 밤기차를 탔던 시카고 아가씨는 오늘도 힘차게 브로드웨이를 달리고 있다고 한다.

배우란 참 멋진 직업이다. 그래서 요즘 수많은 청춘들이 이 운명적 직업인이 되겠다고 나선다. 21세기의 연예인은 선물 보따리를 멘 산타클로스라고 할 수 있다. 억새풀처럼 팍팍한 삶을 헤쳐 나가는 대중들에게 웃음과 위로를 주는 존재다. 그래서 멋진 직업이기도 하고 어려운 길이기도 하다.

좋은 직업일수록 학습과 훈련이 필요하다. 의사가 되기 위해선 의학을 공부해야 하고, 변호사가 되기 위해선 법학을 공부해야 한다. 배우나 가수가 되기 위해서도 그 직업에 맞는 특별한 훈련과 학습이 분명히 존재한다. 또한, 좋은 직업일수록 필요한 덕목도 많다.

연예인이 되는 길목엔 그들이 둘러멘 재능 보따리를 빼앗고 영혼을 사려는 메피스토펠레스(Mephistopheles, 부와 권력을 주고 영혼을 사려는 악마)가 숨어 있다. 그들의 간교한 말에 유혹당하는 순간 스캔들이 터지고, 사랑한다고 외치던 세상 사람들은 급변해 돌팔매질을 한다.

화려함의 뒤안길에 숨어 있는 예측불허의 위험들을 늘 경계해야 한다. 영광과 치욕, 상승과 추락은 한순간의 판단과 마음먹기에 달려 있다. 잊지 마시라! 메피스토펠레스는 뒷골목에만 있지 않고 자기 자신 속에도 숨어 있다.

이런 험난한 여행길엔 좋은 길잡이가 필요하다. 어려울 때 손잡아주고 곧 닥쳐올지 모르는 위험을 귀띔하는 노련하고 지혜로운 여행 안내자가 있어야 한다.

이 책의 저자 손성민은 그런 일을 하는 전문가다. 그는 하루아침에 스타가 되는 자를 봤고, 또 하루아침에 스타에서 나락으로 떨어지는 자도 무수히 봤다. 그래서 연예인이나 스타가 세상의 무대에 나가서 어떻게 처신해야 하는지를 그보다 잘 아는 사람은 많지 않다.

그와 여행길에 나서면 어떤 땐 친구처럼 다정하기도 하고, 어떤 땐 피라미드 앞을 지키고 선 스핑크스처럼 무섭기도 하다. 그는 이 책에서 단호하게 말한다.

연예인이 되고 싶은 진짜 이유를 찾아라!
철저한 자기관리로 미래를 준비하라!
자신만의 것으로 승부하라!
적극적으로 자신을 단련하라!

그렇게 '스타의 조건'을 하나씩 제시한다. 그가 현장에서 체득한 '쟁이' 사회의 살아있는 노하우를 알게 된다면, 이 직업을 운명으로 알고 있는 많은 신인들에게 유익하고 즐거운 여행이 될 것이다. 여러분의 행운을 빈다, 파이팅!

연기학원을
선택하는 노하우

신성균

연기아카데미 '스타게이트' 전임강사 및 원장, 이관희 프로덕션 배우학교 '한별' 전임강사, 브로드웨이 뮤지컬 아카데미 I.C.A 부사장, (주)IHQ 운영, C.A.S.T by IHQ 연기아카데미 부원장 등을 역임하며 연기 선생님으로 활동하고 있다.

연기를 배우기 위해 교육기관을 찾는 배우 지망생들이 많다. 일반적으로 그들은 본인들의 환경에 따라 각기 다른 목적을 갖는다.

첫 번째 경우는 배우가 되기로 결정하고 연기를 배우려는 지망생이며, 두 번째 경우는 배우가 될 수 있는지 자신의 가능성을 확인해보려는 지망생이다. 두 가지 상황에 있는 지망생 모두에게 하고 싶은 말은, 연기를 배우는 기초 단계가 좋은 연기력을 갖추는 데 아주 중요한 시기라는 것이다. 따라서 교육기관을 고를 때 현실적으로 선택하는 실수를 하지 않길 바란다. 여기서 '현실적인 선택'이란 학원을 고를 때 지망생에게 몇 번의 오디션 기회와 작품 출연 기회를 줄 수 있는지에 대해서만 생각하는 것을 말한다.

이런 기회들이 중요하지 않다는 것은 결코 아니다. 배우가 연기를 배우는 목적은 결국 오디션을 통해 작품에 출연하고, 그 기회를 통해 배우로서 성장해나가는 것이다. 그러나 오디션 기회를 얻는 것도 중요하지만, 기회가 왔을 때 자신의 것으로 만들 수 있는 실력을 갖추었는지가 더 중요하다.

과거에는 현재처럼 연기를 지도하는 사설학원이 많지 않았다. 대학에서 전공자든 비전공자든 상관없이, 또는 대학에 가지 못한 경우라도 연극을 공연하는 극단의 연수생으로 들어가 일정 기간 교육과 트레이닝을 받았다.

하지만 지금은 인터넷 검색창에 '연기'라는 단어만 입력해도 수없이 많은 연기학원의 홍보글이 나온다. 선택의 폭이 넓은 만큼 더욱 신중해야 한다. 배우 지망생들의 선택에 도움이 됐으면 하는 마음으로, 연기학원을 선택할 때 참고해야 할 사항들을 알려주겠다.

첫째. '연기학원이 배출한 유명 연예인이 누가 있는가?'로 선택할 때 참고할 점

현재 많은 학원들은 학원에서 교육받은 교육생 중에 대중의 인지도가 높은 배우들을 홍보 방법으로 사용하고 있다. 하지만 학원의 관계자가 학원 소개를 하면서 유명 배우만을 내세워 좋은 학원이라고 강조하는 경우에는 신중할 필요가 있다.

유명 배우가 탄생하는 데는 연기력을 갖추기 위한 교육 시스템도 중요하지만, 그들을 전문적으로 관리하는 매니지먼트 시스템도 중요하다. 이 두 가지가 조화를 이룰 때 유명 배우가 만들어지기 때문에 꼭 학원의 교육 덕분이라고 할 순 없다.

물론 학원이 배출한 배우도 학원 선택에 참고할 만한 요소지만, 경험 많은 강사진 구성과 수업 내용 등 여러 방면으로 점검하길 바란다.

둘째. 연기 지도 경험이 풍부한 강사진

대부분의 연기학원은 오랜 기간 많은 교육생들을 지도한 경험이 풍부한 강사를 채용하고 있다. 그렇지만 일부 학원들은 비용을 절감하기 위해 지도 경험이 부족하거나 지도 경험이 전혀 없는 강사를 고용하기도 한다.

학원 홍보자료에 소개한 강사가 아니라 보조강사가 수업을 진행하는 경우도 있다. 더욱이 교육 과정에서 강사의 개인적인 일정으로 자주 휴강하고 보강이 이루어지지 않을 경우에는 과감하게 다른 학원을 알아보는 것이 좋다.

연기 지도는 강사의 지도 경험이 아주 중요하며, 교육생 각자 개성에 맞춰 교육을 진행해야 효과적이다. 따라서 강사가 무엇보다 집중력, 열정, 성실함을 갖추어야 한다. 학원 홍보자료에 있는 강사의 지도 경험이 몇 년인지, 주로 어떤 점에 주력하는지 등 경력을 주의깊게 살펴본다.

셋째. 체계적인 수업 내용

학원 홈페이지에 나와 있는 수업내용을 봤을 때 시작부터 종료까지 전체적인 로드맵이 잘 그려지는지를 살펴본다. 이때 교육생들의 성취도에 맞춰 진행하는 방법도 괜찮지만, 수업의 목표가 구체적이고 세밀하게 만든 시스템 안에서 교육을 진행하는 것이 좋다. 그래야 교육생 입장에서 게을러지지 않고 동기 부여가 되어 성취도가 높다.

학원 방문 시 상담자에게 질문할 때는 처음에 무엇을 배우는지, 어떤 점검을 통해 다음 단계로 넘어가는지, 피드백은 어떻게 받게 되는지 등을 질문한다. 예를 들면, 일정 기간 후에 연기를 직접 보여주면서 문서 형태로 피드백을 받는지 등 구체적으로 질문하면 좋다.

넷째. 오디션 기회와 작품 출연 기회

"얼마나 많은 오디션 기회와 작품 출연 기회를 줄 수 있느냐?"는 연기 학원을 방문하는 거의 모든 이들이 질문하는 내용이다. 일부는 아예 정확한 횟수를 말해 달라고 한다.

한 달 또는 두 달 동안 오디션 기회를 몇 번 줄 수 있는지 알려달라고 하는 경우도 있다. 이때 월 1회의 오디션을 진행한다고 말하면, 학원은 적당하다고 생각해도 교육생은 적다고 생각하는 입장 차이가 있을 수도 있다.

한편, 일부 학원들은 내부에 캐스팅 담당자를 두고 있다. 그래서 소속사 오디션을 포함해 모든 오디션과 작품의 보조 출연 및 단역 출연의 기회를 제공하는 데 집중하고, 연기 교육은 소홀하게 생각하는 경우가 있다. 문제는 배우를 지망하는 교육생들이 그러한 기회라도 얻기 위해서 작품 출연에 더 비중을 두고, 정작 중요한 연기 교육은 가볍게 생각한다는 점이다.

연기는 한 사람의 생각과 감정을 관객에게 정확하게 표현하고 공감하게 하는 것이다. 좋은 배우가 되겠다는 간절한 마음으로 꾸준하게 트레이닝하는 과정도 없이 단기간에 만들어지지 않는다. 때문에 아무나 연기를 할 수는 있지만, 누구나 배우가 되는 건 아니다. 그만큼 배우라는 호칭은 영예로운 것이며 연기자 스스로 배우라고 부르는 것이 아니라 관객이 불러주는 것이다.

대중에게 인정받는 배우가 되기 위해 무엇이 가장 중요하고 무엇부터 시작해야 하는지, 주변의 말에 휘둘리지 말고 주관적으로 생각하기를 바란다.

다섯째. 원활한 학원 생활

학원 생활에 잘 적응하기 위해서는, 연습실은 어떻게 사용하는지에 관한 내용뿐만 아니라 학원 내부 규정도 잘 알고 있으면 도움이 된다. 그래서 연기를 직접 지도하는 강사 외에 학원 운영이나 행정업무를 보는 직원들과도 얼굴을 익히며, 만약 자신이 아프거나 부득이한 경우 학원에 못 나왔을 때 어떻게 처리가 되는지도 물어본다.

환불 규정에 대해서도 각 학원의 관할 교육청 홈페이지나 담당자에게 연락해 알아둔다.

이외에도 프로필 촬영에 대한 조언이 어떻게 이루어지는지, 제휴업체를 통해 전문가들에게 듣는 특강 등 모든 분야의 질문을 정리해서 학원 방문 시 상담자에게 질문한다.

마지막으로 상담 과정에서 신뢰가 느껴지는지를 체크하며 신중하게 학원을 선택한다.

스타는 대중들에게 지속적인 관심을 받아야 하는데, 그 인기가 오래 가지 못할 경우 '반짝스타'라고 말한다. 반면에 자기 분야에서 오래 자리를 지키고 있는 스타들을 우리는 '톱스타'라고 부른다.

더욱이 전 세대에 걸쳐 인기가 있는 경우에 국민 스타, 국민 배우, 국민 가수 등으로 부른다. 더 나아가 한류 스타, 월드 스타라고 극찬하기도 한다.

예를 들어, 운동선수로 비교한다면 축구선수 차범근, 박지성부터 야구선수 선동렬, 이승엽 등을 진정한 국민 스타라고 할 수 있다.

누가 봐도 인정하는 스타! 스타가 되는 것도 힘들지만 오랫동안 스타의 자리를 지키는 것은 더 힘들다. 그래서 기초를 다지는 단계부터 착실히 쌓아가는 것이 중요하다.

연예인이 되고자 한다면
이유와 목표를 찾아라

> **유진모**
>
> 팝송과 영화에 푹 빠진 뒤 에릭 클랩튼을 꿈꿨으나 재능이 없음을 깨닫고 대중문화 전문기자가 되기로 결심했다. 월간 〈뮤직라이프〉 기자 겸 팝 평론가, 주간 〈TV가이드〉 기자, 〈스포츠서울〉 연예부 기자, 인터넷 매체 〈TV리포트〉 편집국장 등을 거쳐 여러 매체에 연예칼럼을 기고 중이다.

연예부 기자로 일하는 동안 많은 연예인과 관계자들을 만나면서 녹음과 촬영 현장을 누볐다. 그동안 연예계의 패러다임이 여러 번 바뀌었고, 연예인과 그들을 바라보는 대중의 인식도 많이 변했다. 이제 연예 스타는 누가 뭐래도 사회적으로 성공한 인물이고 국가를 초월한 우상이다.

하지만 그런 높은 위치에 오르는 건 아주 어렵고 확률도 매우 낮다. 연예인이라고 다 스타는 아니다. 누구나 할 수 있지만 아무나 할 수 없는 게 연예인이고 스타다.

대중은 TV 등 미디어를 통해 자주 보는 스타를 기준으로 잡고, 연예인은 모두 고수익에 귀족적 지위를 누린다고 착각한다. 하지만 그런 스타는 빙산의 일각이다.

무명 연예인은 바다 속에 가라앉은 99퍼센트 빙산의 실체와 비슷하다. 우리가 그들의 애로사항까지 모두 알아줄 필요는 없지만 연예인, 혹은 스타가 되고자 한다면 그걸 충분히 감안해야 한다.

남들보다 잘생기거나 예쁜 당신이, 남들에게 없는 소질이나 끼를 지닌 당신이, 연예인이 되는 길은 쉬울 수 있다. 하지만 연예인이라고 다 스타가 되는 건 아니다.

연예인이 되고자 하는 이유를 정확히 헤아려보자. 단순히 남들에게 추앙받는 높은 자리에 오르고자 하는 욕망 때문이라면 좋은 소속사와 만나기가 어려울 것이다. 설령 스타덤에 오른다 하더라도 그 자리를 오래 지킬 확률이 낮다.

연기나 노래나 창작 등이 좋아 연예인이 되고 싶다면, 돈을 많이 벌건 적게 벌건 평생 그걸 하면서 살고 싶다면, 그걸 안 하면 평생 후회하면서 살 것 같다고 정말 확신한다면 연예인에 도전하라.

그동안 많은 돈을 들여 데뷔했지만 결국 돈만 날리고 연예계를 떠나는 허황된 꿈을 가진 신인 연예인을 숱하게 봐왔다. 지금도 그런 애드벌룬을 잡으려는 사람들을 보는 건 어렵지 않다.

이 책은 연예인이 되라고 부추기는 페로몬이 아니다. 확고한 신념도 없이 연예계의 호화스러움에 취해 착각하는 젊은이를 위한 길라잡이다. 이 책을 통해 소신과 실력을 갖춘 새 스타가 많이 배출되고, 막연한 환상에 사로잡힌 이가 진짜 자신의 길을 찾길 바란다.

그동안 연예계와 연예인을 소재로 한 책들이 많이 출간됐다. 하지만 그런 책들을 접할 때마다 현실적으로 아쉬운 점들이 있어서 안타까웠다.

그런데 이 책의 저자는 가수와 배우의 매니저를 고루 거쳐 한국연예 매니지먼트협회 회장까지 맡으며 현실적이고 실효성 높은 얘기들을 쏟아내 반가웠다. 저자의 글을 읽으면서, 이런 내용이라면 앞으로 연예인 지망생에게 도움이 될 수 있을 것이라 생각됐다.

중언부언(重言復言)이 될지 모르겠지만 다시 한 번 연예인 지망생들에게 말하고 싶다.

연예인이 되고자 한다면 가장 먼저 이유와 목표를 찾아라

배우가 되고자 하는지, 가수가 되고자 하는지, 이유와 목표를 구체적으로 찾아라. 연기파 배우로, 음악성을 갖춘 가수로, 성공하려면 기본적 자질과 목적의식이 있어야 한다.

가수가 되고 싶은데, 그냥 남의 곡을 받아 입만 벙긋대는 '붕어'가 되고 싶다면 낙제다. 가창력은 기본이고 목소리 톤에 개성이 넘치거나, 정말 특이한 창법이라면 합격이다. 작곡이나 연주를 잘해도 합격이다.

배우가 되고 싶은데, 주변에서 연기력이 살아있다고 칭찬하면 합격이다. 그리고 열정을 갖고 실력을 갈고 닦을 마음의 준비가 됐다면 합격이다.

하지만 연예인에 대한 꿈이 막연하다면, 남들보다 정말 월등하게 완벽한 외모이거나 누가 봐도 튀는 외모가 아닐 경우 빨리 다른 길을 찾자.

그 다음은 소속사다! 손에 꼽을 만한 대형 소속사는 포기하라

자신의 존재를 많은 사람이 알고 진짜 뛰어난 가능성을 지녔음에도 불구하고, 아직까지 대형 소속사에서 데려가지 않았을 리 없다.

또한, 대형 소속사는 소속 연예인 모두에게 골고루 신경을 써줄 만큼 여유롭지 못하다. 반면에, 중소 소속사도 의외로 탄탄한 데가 많다. 밀착된 스킨십으로 자신을 위해 '올인'해줄 소속사를 찾아라.

늙을 때까지 함께할 수 있는 '평생직장'의 개념으로 소속사를 찾으면 좋다. 하지만 그 어떤 이유라도 돈을 요구하는 곳은 무조건 인연을 맺으면 안 된다.

개인적으로 아카데미는 반대한다. 원하는 것의 기초를 닦고 자신이 얼마나 소질이 있는지 파악할 수는 있지만, 그곳을 통해 제대로 된 소속사를 만난다는 건 사실상 불가능하다.

아카데미에 다니려면 자신 혹은 부모가 학원비를 대야 한다. 하지만 소속사에 들어간다면 그 비용을 소속사가 지불해주고, 유명하고 실력을 갖춘 선생에게 배울 기회도 생긴다.

개인적인 의견으로는, 연기나 음악 관련 대학에 들어가는 것도 추천하고 싶지 않다. 영화나 드라마 관계자들은 연극영화과를 나왔다고 알아주는 게 아니라 얼마나 연기를 잘하느냐에 집중할 뿐이다.

하루라도 빨리 자신을 알아주는 소속사를 만나 1년이라도 목표를 앞당기는 게 좋을 수 있다. 그런데 만약 세 군데 이상 소속사 문을 두드렸는데 한 군데도 들어가지 못했다면, 빨리 다른 일을 찾아라. 자신의 실력은 '우물 안 개구리'였고, 자신의 꿈은 이뤄질 가능성이 희박한 '뜬구름'이었을 뿐이다.

연예인 되기가 서울대 입학보다 어렵다?

> **조현정**
>
> 〈스포츠서울〉 편집국 부국장. 1994년 〈스포츠서울〉에 입사해 대중문화부장을 거쳐 연예부 기자로 활약했다.

　연예부 기자로 일하며 가끔 지인들에게 난감한(?) 부탁을 받곤 했다. "내 자녀(혹은 조카)가 배우가 되려고 하니 믿을 만한 연예소속사를 소개해 달라"는 것이다. 이들은 유명 배우들이 소속된 소속사에 들어가기만 하면 연예인의 꿈을 절반은 이룬 것으로 여기는 것 같다. 이들 입장에선 그만큼 '믿을 만한' 소속사를 찾기가 쉽지 않을 뿐더러, 유명 소속사에 들어가는 게 연예인이 되는 '지름길' 정도로 생각하는 것이다.

　오래전 10년 된 지인이 "어떤 작가를 만났더니 4억 원만 투자하면, 내 아들을 주인공으로 드라마를 써준다더라"는 솔깃한 제안을 받았다고 한 경우도 있었다.

　실제로 10대 청소년들이 선망하는 직업 상위권에 연예인이 빠지지 않는다. 연예인 지망생 100만 명 시대에 연예인을 꿈꾸는 수많은 10~20대들은 데뷔만 하면 화려한 스포트라이트를 받으며 젊은 나이에

부와 명성을 얻는 스타가 되는 줄 안다.

수많은 부모들, 특히 고학력 중산층 이상에 사고방식이 자유로운 부모일수록 연예인을 갈망하는 자녀들의 '뒷바라지'에 적극적으로 나선다. 이들은 끼 많고 개성 넘치는 자신의 자녀가 연예계에 '진입'만 하면 제2의 전지현, 김수현이 금방 될 수 있으리라 믿는 것 같다.

그러나 현실은 그리 녹록치 않다. 방탄소년단, 엑소, 트와이스 등 세계를 휩쓰는 K팝의 열풍에 힘입어 10대들이 가장 선호하는 가수의 경우, 한해 평균 약 300개 팀이 아이돌그룹 데뷔를 준비한다. 이들 중 데뷔에 성공하는 그룹은 100개 팀도 안 된다. 그나마 데뷔해도 대중에게 인지도를 얻고 성장하는 팀은 겨우 1~2개 팀뿐이다.

연예계는 가수, 배우를 막론하고 상위 1퍼센트가 막대한 출연료, 광고 모델료, 콘서트 수입 등으로 엄청난 부를 쌓는다. 반면에 10명 중 9명은 연 수입 1천만 원도 안 될 만큼 부의 쏠림현상이 극심한 직종이다. 때문에 생활고로 인한 우울증으로 자살하는 연예인을 심심찮게 볼 수 있다.

연예소속사 대표인 한 지인은 "철없는 10대 자식에게 연예인이 되라고 권유하는 부모는 정말 무책임하다"며 "서울대 입학하기보다 대중이 얼굴을 알 만한 연예인이 되기가 더 힘들다. 데뷔하기도, 데뷔해서 인기를 얻기에도 너무나 불확실성이 많은 직업"이라고 말했다.

2018학년도 대입수험생 58만여 명 중에서 이들이 선망하는 대학인 서울대 입학정원은 3천 명 안팎이다. 그러니 단순히 비교하긴 어렵지만 경쟁률로만 따져 보면, 연예인 지망생 100만 명 중에서 대중이 얼굴을 알 만한 연예인 되기가 서울대에 입학하기보다 훨씬 어렵단 걸 쉽게 알 수 있다.

연예계에 데뷔하는 것도 쉽지 않지만 데뷔해서도 가시밭길이다. 좋게 말하면 프리랜서지만, 부정적으로 보면 소수의 톱스타를 제외하곤 늘 선택을 받아야만 하는 비정규직이다. 인기의 정상을 밟은 톱스타라 해도 인기가 사라질까, 대중에게 잊혀질까, 전전긍긍한다.

우연히 길거리 캐스팅이 되어 몇 작품만에 신데렐라가 되는 벼락스타의 사례도 없진 않지만, 그런 행운에 인생을 걸기엔 너무 위태롭고 불안한 게 사실이다.

그렇다고 연예인이 되는 걸 아예 꿈도 꾸지 말라는 얘기는 아니다. 단지 연예인이 되는 걸 너무 쉽게 생각하는 경향이 있고, 화려한 면만 보는 게 아닌가 싶어 현실을 직시할 필요가 있다는 걸 강조하고 싶다.

10대 자녀를 둔 엄마로서, 연예인을 꿈꾸는 자녀를 둔 부모나 자신이 연예인이 되고 싶어 하는 이들은 전문가들에게 객관적으로 가능성을 평가받을 것을 권한다. 외모가 남들보다 준수하다고, 집안의 재력이 탄탄하다고, 몇 다리 건너면 방송사 유명 PD를 안다고 해서 연예인으로 성공하는 건 아니기 때문이다.

무엇보다 연예인을 꿈꾸는 이라면 왜 연예인이 되려고 하는지 절실한 동기 부여와 함께 자신의 자질을 객관적으로 평가해야 한다. 겉으로 보이는 화려함을 동경하는 것인지, 진심으로 노래나 연기가 좋아서 인생을 바치고 싶은 건지를 정확히 파악해야 한다.

열정만으로 성공할 수 없는 분야인 만큼 재능도 중요하다. 굵직한 배우나 가수들이 소속된 믿을 만한 연예소속사의 오디션을 통해 자신의 가능성을 점검하는 게 좋을 것 같다.

배우들의 경우 한국연예매니지먼트협회, 가수들의 경우 한국연예제작사협회에 등록된 회원사가 일단 믿을 만하다. 또, 현재 활동 중인 유명 연예인들이 소속된 소속사들의 경우 신인 오디션의 문호를 개방하고 있다. 자신이 관심 있어 하는 유명 소속사의 인터넷 홈페이지 공고를 눈여겨보거나, 오디션 관련 뉴스만 검색해봐도 도전할 기회는 얼마든지 열려 있다.

오디션을 통해 자신이 연예인으로서 가능성이 있는지 전문가들의 냉정한 평가를 받아보고, 오디션 참가자들과 자질을 비교하면 자신의 위치를 알게 된다.

만약 오디션을 거쳐 공신력 있는 소속사에 들어간다면, 믿을 만한 전문가들에게 체계적인 트레이닝을 받게 된다. 그리고 더 많은 기회를 가질 수 있어 연예인의 꿈에 가까이 다가설 수 있을 것이다.

꿈에 도전하는 이에게
필요한 세 가지 키워드

이창민

국내 1호 SNS 작가. 대통령직속 국민대통합위원회 소통 영웅, 서울시장 일자리 JOB담 심사위원, 문화뉴스 아티스트에디터 아띠에터 등 다양한 이력을 지녔다. 저서로는 《병자》, 《세상을 보는 안경 세안》이 있다.

저는 전국의 다양한 분들을 인터뷰하며 작가, 강연가, 기자 등으로 활동하고 있는 청년입니다. 저자분과는 SNS 친구가 되어 인연이 이어지고 있습니다.

덕분에 이 책을 통해 좋은 이야기를 전할 수 있게 되어 기쁩니다. 꿈을 향해 도전하는 분들에게 조금이나마 도움이 되면 좋겠습니다.

저는 새로운 문화 직업인 'SNS 작가'라는 직업을 만들어 활동하며 이슈가 됐고, 지금도 성장하고 있습니다. 이런 성장과정을 통해 직접 경험하고 느낀 부분을 정리해보았습니다.

첫 번째 키워드는 '근성'입니다

저는 지난 5년간 7천여 명의 사람들을 만나고 인터뷰해 이 분야에서 국내 최고 기록을 달성했습니다. 기록을 달성하는 과정에서 포기하고 싶은 순간들이 많았습니다. 하지만 그런 상황과 어려움을 이겨낸 덕분에 더욱 발전하고 성장할 수 있었습니다.

이때 필요한 것인 바로 '근성'입니다. '근성'이라는 단어는 포기하지 않는다는 '프로 의식'을 의미합니다.

젊은이는 프로가 되려고 노력하는 아마추어입니다. 저 역시 마찬가지입니다. 한편, 사회에서 성공하거나 꿈을 이룬 분들의 공통점은 '프로'라는 겁니다. 따라서 우리가 프로가 되기 위해 노력할 때 가장 중요한 것이 '프로 의식'을 가지는 것입니다. 이것을 통해 꿈을 이루어 나아가는 '용기'를 얻을 수 있습니다.

두 번째 키워드는 '소신'입니다

성장할수록 느끼는 감정이 많은데, 저의 경우 '소신'이 필요했습니다.

선택에 따라 운명이 바뀌는 경우가 많습니다. 또한, 점점 성장하며 사람들에 대한 영향력이 커지는 만큼 자신의 선택에 큰 책임이 따르게 됩니다. 이때 '소신'이 필요합니다.

그냥 주변에서 이야기하는 대로 판단하면 자신의 꿈과 인생은 점점 산으로 갈 것입니다. 주변의 의견은 참고해야 되지만, 결국 선택은 자신이 해야 합니다. 같은 맥락으로, 인생이라는 바다에서는 여러분들이 배의 키를 조정하는 선장입니다. 선장이 어떻게 키를 조정하느냐에 따라 파도를 헤쳐나갈지, 침몰하게 될지가 판가름 납니다. '소신'이 강한 사람일수록 성공한 사람이 많음을 기억하세요.

마지막으로, 세 번째 키워드는 '용기'입니다

제가 과거에 불우하고 어려운 환경 속에서 '용기'를 내지 않았다면, 지금도 어렵게 살아가고 있을 겁니다. 하지만 악조건 속에서도 변화하고 싶다는 강한 '용기'를 내어, 지금은 국내 1호 SNS 작가로 성장할 수 있었습니다.

그래서 '용기'를 자신의 운명과 가치를 변화시킬 가장 중요한 반전 카드라고 말하고 싶습니다. 자신의 변화와 성장은 '용기' 없이는 절대 이룰 수 없으며, 무언가 새롭게 도전하는 데 가장 필요한 키워드입니다.

꿈에 도전하는 이에게 꼭 필요한 키워드는 '근성'과 '소신' 그리고 '용기'입니다. 이 세 가지 키워드를 자신의 스토리에 담아내며 노력한다면 어느 순간 큰 변화와 성장이 있을 겁니다. 여러분들의 꿈과 미래를 진심으로 응원하겠습니다.

추천의 글

많은 청소년들이 연예인을 꿈꾸고 있지만, 어떻게 시작해야 할지 몰라서 망설이고 두려워합니다. 그러나 정말 꿈이 있다면 과감하게 도전하길 바랍니다. 스타가 되려면 자기 자신을 이겨야 합니다. 자신의 부족한 점을 하나씩 채우다 보면 언젠가 기회를 잡을 수 있습니다. 그리고, 기회가 왔을 때는 준비한 자가 기회를 잡을 수 있다는 걸 기억하세요.

_한국대중문화예술산업총연합회 회장, 한국연예제작자협회 회장 **김영진**

흔히 작가에게 천형(天刑)을 받은 사람이라고 합니다. 이에 비한다면 배우는 수도승과 같습니다. 인간이기를 거부하지 않고 인간이 누구인지, 내가 누구인지를 끊임없이 묻고 답하는 존재이기 때문입니다. 그 답을 찾길 바라며, 정답을 찾든 오답을 찾든 그 격렬한 행위 자체가 배우 인생입니다.

_한국영화감독협회 이사장 **양윤호**

나의 좌우명이 여러분에게도 닿기를 바랍니다.

'당신의 빛을 비추려면 어둠으로 들어가야 한다.' (데비 포드의 《그림자 그리고》 중에서)

'30초만 더 생각하자. 어쩌면 이 순간이 내 인생을 송두리째 바꿀 수 있다.' (호아킴 데 포사다의 《마시멜로 이야기》 중에서)

_영화감독 **김홍선**

- 대중문화예술기획업자의 준수사항
- 표준전속계약서(연기자 중심, 가수 중심)

대중문화예술기획업자의 준수사항

'대중문화예술기획업자의 준수사항' 중에서 연예인 지망생이 소속사와 계약할 때 알아두면 도움이 될 만한 핵심 내용을 요약 정리했다.

대중문화예술기획업자의 준수사항(일부)

> ## 💬 주요 용어 정리
>
> - **대중문화예술인** : 소위 연예인이라고 칭하는 가수, 배우, 개그맨, 방송인, MC 등을 모두 통틀어서 2014년부터 법적으로 '대중문화예술인'이라 칭한다.
> - **대중문화예술기획업** : 대중문화예술인들을 기획하고 대중문화예술인을 대신해 일하는 매니저, 기획자, 제작자들이 일하는 업종의 분류를 '대중문화예술기획업'이라 칭한다.
> - **대중문화예술산업 종사자** : 대중문화예술산업과 관련해 일하는 모든 종사자들을 칭한다.
> - **대중문화예술산업발전법** : 2014년에 법령으로 시범적으로 시행했고, 2015년부터 본격적으로 시행령을 발표했다. 본 법안은 대중문화예술산업의 권익보호, 규제, 규정과 발전을 위해 만들어졌다. 앞으로 지속적으로 발전하며 보편적으로 변할 것을 대비해 모든 사항들에 익숙해져야 한다.

표준전속계약서
(연기자 중심, 가수 중심)

'표준전속계약서'는 소속사와 계약을 맺을 때 필수적으로 작성해야 한다. '표준전속계약서'는 정부 기관인 문화체육관광부와 공정거래위원회 그리고 대중문화예술산업 종사자들과 함께 만든 것으로, 이것을 작성하지 않으면 계약이 성립되지 않는다.

'표준전속계약서'는 연예인을 대중문화예술인으로 표기하며, 연기자 중심과 가수 중심으로 크게 두 가지로 분류되어 있다.

이때 주의사항은 '표준전속계약서'의 글자 하나라도 수정하면 계약이 무효가 된다는 점이다. '갑'과 '을'이 서로 원하는 게 있어도 절대 수정하면 안 된다. 종이 크기, 글자의 크기와 서체까지도 규격에 따라 그대로 작성해야 한다는 점을 꼭 주의한다.

'표준선속계약서'를 보완히고자 '부속합의서'라는 것이 존재하는데, '갑'과 '을'이 서로 원하는 조건을 합의해 작성하면 된다. '표준전속계약서'는 서로지킬 것을 약관하는 것이고, '부속합의서'는 조건을 약속하는 서류다. 대중문화예술산업의 관례로 최소 3년에서 최장 7년 이하로 계약할 수 있다.

다음 QR코드를 통해 '표준전속계약서'의 내용을 확인할 수 있다.

(실제 계약은 원본을 사용해야 된다.)

대중문화예술인(연기자 중심)
표준전속계약서

대중문화예술인(가수 중심)
표준전속계약서

❘ 지은이 손성민의 주요 경력

現 한국연예매니지먼트협회 제5대 회장
現 한국대중문화예술산업총연합 제5대 부회장
現 ㈜bob스타컴퍼니 대표이사

수상
2015 제5회 대한민국 한류대상 대중문화 공로상
2013 대전광역시 대중문화발전 부문 표창장

주요 경력
2018~2021 한국연예매니지먼트협회 제5대 회장
2018~2021 '아시아태평양 스타 어워즈(APAN Star Awards)' 집행위원장
2018~2019 한국대중문화예술산업총연합 제5대 부회장
2017 한국 영상창작 부가판권 준비위원
2017 '제54회 대종상 영화제' 부집행위원장
2017 '제1회 소리바다 베스트 케이뮤직 어워즈' 심사위원
2016 '제5회 아시아태평양 스타 어워즈' 집행위원장
2015 '제4회 에이판 스타 어워즈' 집행위원장
2016~ 문화체육관광부 '대중문화예술산업기획업' 심사확인 단체장
2015 한국대중문화예술총연합 부회장
2015~2018 제4대 한국연예매니지먼트협회 회장
2015~ bob스타컴퍼니 설립
2014 한국연예매니지먼트협회 상벌조정윤리위원회 부위원장
2013 '제2회 에이판 스타 어워즈' 부집행위원장

2009~2014 한국연예매니지먼트협회 1대, 2대, 3대 이사

2011~2013 서울종합예술학교 겸임 교수

2011 탈북 인권영화 「48M」 제작

2010~2012 〈스포츠한국〉 '스타 시크릿' 칼럼 연재

2009 저서 《스타-누구나 스타를 꿈꿀 수 있지만, 아무나 스타가 될 수 없다》 집필

2008 (주)코엔스타즈 대표 (소속 연예인_공형진, 김성령, 조미령, 유세윤, 장동민, 유상무, 윤정수, 정양, 윤현민 등)

2008 (주)웰메이드스타엠 총괄 대표 (소속 연예인_장동건, 현빈, 최정원, 공형진, 이하나, 신민아, 조미령, 서효림, 이종석, 오연서 등)

2007 KBS 드라마 「꽃피는 봄이오면」 OST 제작

2006 (주)스타엠네트웍스 대표이사 (소속 연예인_공형진, 조미령, 이하나, 가수 구정현 등)

2002 KM컬처 매니지먼트사업 본부장 (소속 연예인_공형진, 주진모, 조민수, 조미령, 류승수, 김지석, 가수 김형중 등)

2001 영화 「오버 더 레인보우」 캐스팅 디렉터

2000 싸이클론 엔터테인먼트 총괄이사 (소속 연예인_이병헌, 이정재, 장진영, 공형진, 변정수, 김강우, 조여정, 김서형, 엄지원 등)

1998 영화 「할렐루야」 캐스팅 디렉터

1998 민기획 대표 (소속 연예인_정준호, 최진실, 고소영, 강현수 등)

1996 태원엔터테인먼트 총괄실장 (소속 연예인_최지우, 고소영, 이재룡, 유호정, 성현아, 가수 박지윤 등)

1994 ING피플 매니지먼트 대표 (소속 연예인_최지우, 전광렬, 조혜련 등)

1992 프리모기획 PR매니저 (소속 연예인_김민종, 심은하, 박형준 등)

1991 배우 개인 매니저 (김보성, 신윤정)

베테랑 연예기획자가 알려주는

스타의 ★ 조건

초판 1쇄 인쇄 2018년 7월 5일
초판 1쇄 발행 2018년 7월 12일

지은이 손성민
펴낸이 정용수

사업총괄 장충상 본부장 홍서진
편집주간 조민호 편집장 유승현
책임편집 이미순 편집 김은혜 조문채 진다영
원고구성 유진모 김현정 자료 김노을
디자인 씨오디
영업·마케팅 윤석오 이기환 정경민 우지영
제작 김동명
관리 윤지연

펴낸곳 ㈜예문아카이브
출판등록 2016년 8월 8일 제2016-000240호
주소 서울시 마포구 동교로18길 10 2층(서교동 465-4)
문의전화 02-2038-3372 주문전화 031-955-0550 팩스 031-955-0660
이메일 archive.rights@gmail.com 홈페이지 yeamoonsa.com
블로그 blog.naver.com/yeamoonsa3 페이스북 facebook.com/yeamoonsa

ⓒ 손성민, 2018
ISBN 979-11-87749-83-7 03320